전습록

실천하는 지식인, 개혁을 외치다

청소년 철학창고 40

전습록 실천하는 지식인, 개혁을 외치다

초판 1쇄 인쇄 2019년 4월 18일 | 초판 1쇄 발행 2019년 4월 25일

풀어쓴이 김용재
펴낸이 홍석 | 기획 채희석 | 전무 김명희
인문편집부장 김재실 | 책임편집 박유진 | 편집 이진규
표지 디자인 황종환 | 본문 디자인 서은경
마케팅 홍성우·이가은·홍보람·김정선 | 관리 최우리
펴낸곳 도서출판 풀빛 | 등록 1979년 3월 6일 제8-24호
주소 03762 서울시 서대문구 북아현로 11가길 12 3층
전화 02-363-5995(영업), 02-362-8900(편집) | 팩스 02-393-3858
홈페이지 www.pulbit.co.kr | 전자우편 inmun@pulbit.co.kr

ISBN 979-11-6172-734-9 44150
ISBN 978-89-7474-526-4 44080 (세트)

이 도서의 국립중앙도서관 출판예정도서목록(CIP)은 서지정보유통지원시스템 홈페이지(http://seoji.nl.go.kr)와
국가자료공동목록시스템(http://www.nl.go.kr/kolisnet)에서 이용하실 수 있습니다. (CIP제어번호: CIP2019008840)

전습록

실천하는 지식인, 개혁을 외치다

왕양명 지음 | 김용재 풀어씀

'청소년 철학창고'를 펴내며

　우리 청소년이 읽을 만한 좋은 책은 없을까? 많은 분들이 이런 고민을 하셨을 겁니다. 그러면서 흔히들 고전을 읽어야 한다고 합니다. 하지만 서점에 가서 책을 골라 보신 분들은 느꼈을 겁니다. '청소년의 지적 수준에 맞춰서 읽힐 만한 고전이 이렇게도 없는가.'라고.

　고전 선택의 또 다른 어려움은 고전의 범위가 매우 넓다는 것입니다. 청소년 시기에는 시간과 능력의 한계 때문에 그 많은 고전들을 모두 읽을 수 없습니다. 그렇다면 어떤 책을 읽어야 할까요?

　이런 여러 현실적인 어려움을 고려해 기획한 것이 풀빛 '청소년 철학창고'입니다. '청소년 철학창고'는 고전의 핵심이라 할 수 있는 '철학'에 더 많은 무게를 실었습니다. 그 이유는 무엇일까요?

　사람들은 일반적으로 철학을 현실과 동떨어진 공리공담이나 펼치는 학문이라고 생각합니다. 하지만 철학적 사고의 핵심은 사물과 현상을 다양하게 분석하고 종합해서 그 원칙이나 원리를 찾아내는 것입니다. 그래서 철학은 인간과 세상에 대해 깊이 있게 생각하고, 논리적으로 종합하는 능력을 키워 줍니다. 그런 만큼 세상과 인간에 대해 눈떠 가는 청소년 시기에 정말로 필요한 공부입니다.

하지만 모든 고전이 그렇듯이 철학 고전 또한 읽기가 쉽지 않습니다. 그래서 '청소년 철학창고'는 청소년의 눈높이에 맞추기 위해 선정에서부터 원문 구성에 이르기까지 많은 노력을 기울였습니다.

첫째, 책을 선정하는 과정에서부터 엄격함을 유지했습니다. 동양·서양·한국 철학 전공자들이 많은 회의 과정을 거쳐, 각 시대마다 동서양과 한국을 대표하는 철학 고전들을 엄선했습니다. 특히 우리 선조들의 사상과 동시대 동서양의 사상들을 주체적인 입장에서 비교하고 검토할 수 있도록 했습니다.

둘째, 고전 읽기의 참다운 맛을 살리기 위해 최대한 원문을 중심으로 구성했습니다. 물론 원문 읽기의 어려움을 해결하기 위해 새롭게 번역하고 재정리했습니다. 그리고 청소년이라면 누구나 어렵지 않게 읽으면서 고전이 주는 의미와 내용을 이해할 수 있도록 설명을 덧붙였고, 전체 해설을 통해 저자의 사상과 전체 내용을 다시 한 번 정리해 주었습니다.

마지막으로 쉬운 것부터 읽기 시작해 점차 사고의 폭을 넓혀 가도록 난이도에 따라 세 단계로 구분했습니다. 물론 단계와 상관없이 읽고 싶은 순서대로 읽어도 됩니다.

우리 선정위원들은 고전 읽기의 진정한 의미가 '옛것을 되살려 오늘을 새롭게 한다(溫故知新).'는 데 있다고 생각합니다. '청소년 철학창고'를 통해 자라나는 청소년들이 인간과 사물에 대한 깊은 통찰력을 키워, 밝은 미래를 열어 나갈 수 있기를 진정으로 바랍니다.

2005년 2월

선정위원   허우성(경희대 교수, 동양 철학)   윤찬원(인천대 교수, 동양 철학)
           정영근(서울산업대 교수, 한국 철학)   허남진(서울대 교수, 한국 철학)
           이남인(서울대 교수, 서양 철학)   한자경(이화여대 교수, 서양 철학)

들어가는 말

유학(儒學)이라고 하면 우리나라 사람들 대부분은 무엇을 떠올릴까? 흔히 고리타분한 조선 시대의 유물로 받아들이기 쉽다. 하지만 반만년에 이르는 유구한 역사와 전통을 자랑하는 대한민국에서 고조선 시대부터 있었던 유교 문화는 우리 생활 속에 깊숙이 자리 잡아 왔던 터라, 우리의 인식이나 예절 또는 행동양식에서 유교와 관계된 것들이 아직도 살아 있음을 조심스레 발견할 수 있다. 그만큼 '유학'은 전통사상과 전통문화의 주류로 우리에게 많은 영향을 끼쳐 왔다.

그러나 우리나라 전통사상 가운데 알려지지 않았다기보다 '알려질 수 없었던' 구조적 모순과 정치적인 제약으로 인하여, 숨죽여 가면서 나름의 학문 체계를 일궈 온 사조가 분명하게 존재했다. 다름 아닌 '양명학'이라는 학문이다. 양명학은 우리나라 조선 중기 이후 사문난적으로 몰리며, 책상 위에 양명학과 관련된 서적이 보이기만 해도 삼대가 멸해지는 엄벌을 받는 학문이었다.

왜 그랬을까? 양명학은 애초부터 기득권 세력에 반대하고 개인 주체로서의 역량을 강조하며 중국 명나라 시대에 일어났던 신유학 사상이다. 양명학을 제창한 이는 명나라 중엽의 왕수인이다. '양명'은 그의 호이며, '양명학'은 그의 호를 붙여 일컫는 학문 영역이다. 양명 왕수인의 사상은 봉건 신분 체제에 과감히 도전장을 제출했는데, 사농공상으로 나뉘었던 당시 봉건 계층 간 평등과 여성의 재혼 등 당시로서는 상상하기 힘든 개혁 의지를 내세웠다. 이러한 그의 부르짖음은 봉건 계급사회로부터 도저히 용납될 수 없는 발칙한 사상으로 치부될 수밖에 없었고, 기득권 세력으로부터 탄압을 받은 것은 어찌 보면 당연했다.

왕수인은 지식 위주인 공부를 강조하는 주자학의 주지주의(主知主義) 학문에서 벗어나, 본래 공자와 맹자가 주장했던 '실천 유학'으로의 회귀를 강조하며, 실천하는 지식인이 되기를 꿈꾸었다. 그러기에 그는 세상의 불평등과 부당함에 맞섰고, 굶주리며 없이 살아가는 이들을 대변하고자 했던 올곧은 인물이었다. 설사 자신이 가지고 있던 기득권을 포기해서라도 말이다.

진정한 지식은 머리에 입력하는 것이 아니라, 어쩌면 그가 했던 말처럼 "마음속에 각인하여 깨달아지고, 그 깨달은 바를 실천으로 옮겼을 때만이 비로소 참된 지식의 본모습을 보여 주는 것"이 아닐까 싶다. 그런 측면에서, 참다운 유학자로서 길을 가려 했던 왕수인의 학문을 통해 우리는 '선비의 올곧음'이란 출세만을 위하여 입신양명하는 이기적이거나 위아적인 태도에 있지 않음을 찾아볼 수 있다. 양명 왕수인은 이웃과 더불어 살아가는 여민동락(與民同樂)이 유자(儒者)의 책임이자 의무라고 여겼다.

고전을 통해 사고의 폭을 넓히고자 하는 청소년들에게 《전습록》은 그리 쉬운 내용이 아닐 수도 있다. 그러나 《전습록》은 한 시대를 살면서 한 인간이 겪어야 했던 고충과 개혁 의지가 용해되어 있는 보고(寶庫)임에는 분명하다. 청소년들이 이런 왕수인의 철학을 접해 봄으로써 스스로 주체성과 정체성에 대해 성찰하고, 세상을 바꿔 보고자 하는 웅대한 뜻을 지닌 인재로 거듭날 수 있기를 기대해 본다.

또한 현대사회를 살아가는 우리 청소년들에게는 다양한 프리즘을 통해 세상을 객관적으로 꿰뚫어 볼 수 있는 날카로운 비판 능력이 필요하며, 타자를 통하여 나를 돌아보고 세상을 앞서 나갈 수 있는 통찰력이 요구된다. 그러므로 지나치게 개혁적이며 당시 주자학이라는 거대한 정치 세력에 막혀 철저하리만큼 소외되었던 양명학에 대하여, 그 사상적 본질과 특성을 더듬어 가며 추론해 본다는 것은 작게는 나 자신의 정체성과 주체성을 찾는 길이 되고, 넓게는 우리 역사철학에 대한 성찰의 기회를 가져다주리라 믿는다.

2019년 3월
김용재

| 차례 |

- '청소년 철학창고'를 펴내며 _ 5
- 들어가는 말 _ 7
- 《전습록》을 이해하기 위한 배경지식 _ 13
  1. 《전습록》의 탄생 과정
  2. 《전습록》의 구성
  3. 주요 개념
  4. 관련 책과 인물

1장 심즉리

누구나 성인이 될 수 있다 _ 37
내 마음속에 참된 진리가 있다 _ 43
마음이라는 거울을 통해 세상을 보라 _ 50
인심과 도심은 모두 인간의 마음이다 _ 56
내 마음속에 있는 진솔함과 선함을 보라 _ 59
양지, 그 보편타당한 준칙 _ 64
내 마음속 의지부터 세워라 _ 66
내 마음의 주재를 찾아라 _ 68
'하지 않음'과 '할 수 없음'은 마찬가지이다 _ 72
어린아이 같은 활발한 생명력을 믿다 _ 74
외우지 말고 마음속에서 깨닫고 이해하라 _ 78
다른 사람들이 나를 알아주지 않아도 화내지 않는다 _ 81
자신에게 잘못이 있다면 고치기를 꺼려 하지 마라 _ 83
마음을 한결같이 하며 살피고 공경하라 _ 85

2장 지행합일

앎과 실천을 둘로 나눌 수 있을까? _ 91

공부의 양 날개를 익혀 균형을 잡아라 _ 99

지식만 추구해서는 안 된다 _ 103

마음속 본체를 돌아보며 공부하라 _ 106

화려한 문장만 짓는 것은 허위를 수식하는 거짓된 행위다 _ 110

3장 치양지

치양지와 격물치지, 양명학과 주자학의 중요한 경계 _ 117

마음이 우선인가, 공부하는 과정이 중요한가? _ 122

감정은 시의적절하게 표현되어야 한다 _ 125

희로애락을 지닌 불완전한 존재이기에 인간이다 _ 129

4장 만물일체

내 마음이 머무는 곳 _ 135

천지만물과 한 몸이 된다는 것 _ 139

만물일체는 생명력을 공유한다 _ 141

모든 것을 이어 주는 사랑의 마음 _ 145

사랑에 두텁고 얇음이 있는 이유 _ 150

사민평등, 평등한 사회를 꿈꾸며 _ 154

참된 나의 완성 _ 157

대인과 소인은 어떻게 다른가 _ 160

누구나 성인군자가 될 수 있다 _ 162

성인은 양지를 실현하는 사람이다 _ 164

5장 유불도 삼교 융합

정통과 이단은 어떻게 다른가? _ 169
우열의 차이보다 다름을 인정하려는 마음 _ 172
발칙한 상상력과 창의력이 나오려면 _ 175

6장 실천 공부론

'백성을 친애함'과 '백성을 새롭게 함' _ 181
나를 이긴다는 것은 무엇인가? _ 189
욕망은 어디까지 긍정하고 부정해야 할까? _ 200
학문하는 방법은 정좌로부터 _ 203
모든 경서를 압축해 표현한 말, 사무사 _ 206
아동의 예절 교육에 대하여 _ 209
마음공부 또한 의지가 중요하다 _ 211
명예보다 진실을 찾고자 공부하라 _ 213
다른 사람에게 관대하고 자신에게 엄격하라 _ 216
조장의 어리석음을 버려라 _ 219

• 《전습록》, 마음의 이치를 찾아 나선 한 지식인의 고뇌 _ 223
• 왕수인 연보 _ 263

《전습록》을 이해하기 위한 배경지식

1. 《전습록》의 탄생 과정

동양고전에서 대표로 꼽을 수 있는 서적 가운데 제일은 당연히 《논어(論語)》다. 《논어》〈학이(學而)〉편에 보면 이러한 말이 나온다. "나는 날마다 세 가지로 내 몸과 마음을 반성하노니, 남을 위하여 일을 도모함에 진실하지 못했던가? 친구와 더불어 사귐에 믿음을 주지는 못했던가? 스승으로부터 전수받은 것을 복습하지 않았던가?" 나의 심신을 날마다 세 가지 측면에서 반성한다는 의미다. 하루 세 번 반성한다는 의미의 삼성(三省)에서 세 번째 내용이 바로 '스승으로부터 전수받은 것을 복습하지 않는다.'라는 의미의 傳不習乎(전불습호)이고, 傳(전)과 習(습)을 차용하여 만든 책이 바로 《전습록(傳習錄)》이다. 여기에서 록(錄)은 '기록하다'라는 의미다. 따라서 《전습록》은 앞 시대의 스승으로부터 전수받은 지식을 자기 나름대로 익히고 또 공부해야 한다는 뜻을 지닌 서적이라 하겠다. 《전습록》의 저자는 들어가는 말에서 잠깐 언급하였듯이 중국 명나라 때의 왕수인(王守仁, 1472~1528)

이며, 그의 호는 양명(陽明)이다.

그렇다면 양명 왕수인은 어떤 사람이며, 어떤 난국의 시대를 살다 간 학자인지 잠시 언급해 보자. 왕수인은 중국 절강성 여요현 출신으로, 왕화의 아들로 태어났다. 어려서부터 총명하고 호방했으며, 12세에 이미 성현이 되고 싶다는 높은 의지를 갖고 공부에만 전력하는 열성을 보였다. 18세에는 선대의 학문, 즉 당시 사상계를 지배해 오던 학문인 주자학에 몰두했고, 주희의 학설을 그대로 실천에 옮기려는 실증적인 학문 자세를 취하려 노력했다.

왕수인이 살던 명나라 중엽에 이르러 주자학은 르네상스와 같은 부흥기를 맞이했지만, 당시 관료 자리는 이미 꽉 차 있었고 관료 선발 인원은 점점 줄어들어 정계에 진출하기가 녹록하지만은 않았다. 이런 상황으로 인하여 마치 선비인 양 행세하는 거짓 주자학자들이 등장하기에 이르렀고, 서로 의견이 맞지 않으면 저마다 붕당(朋黨)을 만들어 당파 싸움이 일어나는 형국으로 치달았다. 이런 가운데 백성들의 삶은 더욱 곤궁해지고 피폐해져 각종 농민 반란이 일어나는 등, 사회는 한 치 앞을 내다볼 수 없이 혼란이 들끓었다.

농민 반란을 진압하고자 반란 지역으로 곧장 출전했던 관료 가운데 한 사람이 왕수인이었다. 왕수인은 그곳에서 반란을 진압하는 과정을 보며 당시 혼란의 원인에 대해 깊은 회의에 잠겼다. 사실 왕수인은 어려서부터 주자의 학문을 배워 남몰래 주자라는 인물을 흠모

하며 성장하였다. 주자가 주창한 학설 가운데 하나가, 이 세상 모든 만물은 저마다 이치와 가치를 갖고 태어난 존재로서 인간은 이러한 만물의 이치를 하나씩 터득해 가면서 삶의 완연한 경지를 통달해야 한다는 격물치지(格物致知)였다. 그런데 실상은 전혀 그러하지 못했다. 여기가 왕수인이 주자의 격물치지설에 대한 반론을 시도하는 출발점이 되었다.

왕수인은 주자의 격물치지설이 세상 이치와 부합하지 않음을 터득하고, 인간 본연의 마음이 갖는 주체성과 역동성, 그리고 그 마음이 본래부터 사리분별의 이치를 갖고 있다는 것에 강한 매력을 느끼며 자신만의 새로운 학설을 주창하기에 이른다. 이러한 과정에서 그의 학문과 사상은 많은 지식인들에게서 공감을 얻기도 했으며, 때로는 지탄을 받기도 했다. 그 과정에서 그는 더더욱 세밀한 사상 체계를 만들어 가며 하나의 학문을 완성하였다. 훗날 사람들은 명나라 중엽 이후 한 시대를 풍미했던 그의 사상에 그의 호를 붙여 '양명학'이라 하게 되었다.

이후 왕수인을 스승으로 모시는 여러 제자들이 우후죽순처럼 나타났다. 명나라 중엽 당시에 자본주의가 이미 싹을 텄고, 이에 따라 자연스럽게 신분제 사회가 동요하는 분위기였다. 더불어 주자학에 발판을 두었던 통치 이념과 체제로는 더는 안정된 사회를 꿈꿀 수 없었으며, 체제 유지마저 보장받기 어려운 지경이었다. 이러한 역사적 정황 속에서 양명 왕수인의 사상은 많은 지식인 계층으로부터 공감을 받았을 뿐만 아니라, 서민층으로부터 지지를 얻기까지 하였다. 그의 철학이 성공을 거두었든 실패로 끝났든 간에, 봉건 체제에서 새로운 고민거리를 수면 위로 드러낼 수 있었다는 측면에서 본다면, 양명 왕수인의 철학은 나름대로의 성과를 거둔 셈이었다.

왕수인이 죽은 뒤 제자들은 스승이 남긴 학설을 재해석해 가며 스승의 어록을 기록으로 남겼고, 그 과정에서 《전습록》이 탄생했다. 따라서 《전습록》은 양명 왕수인의 사상을 알아볼 수 있는 기초 자료이며, 그만큼의 충분한 가치가 담긴 저작이라 하겠다.

2. 《전습록》의 구성

《전습록》은 앞서 서술한 바와 같이 양명 왕수인의 어록이 담긴 문집(文集)이다. 총 3권으로 구성되어 있는데, 그중 상권은 왕수인의 문인이었던 서애가 편집했다고 전한다.

1) 상권

상권은 왕수인과 문하생들 간 문답과 대화로 구성되어 있다. '서애'가 기록한 14개의 조목, '육징'이 기록한 80개의 조목, '설간'이 기록한 35

개의 조목 등을 합하여 총 129개의 조목에 해당하는 이야깃거리가 수록되었다. 《전습록》 상권은 왕수인의 독창적인 사상을 찾아볼 수 있는 가장 기초적이면서도 적합한 서적이라 할 수 있는데, 왕수인이 47세 때 간행되었다고 전한다.

상권의 주요 내용은 왕수인의 학설 가운데 심즉리(心卽理)와 지행합일(知行合一) 학설 등이다. 주자학에서 벗어나 각종 비유로 만들어진 이야기들을 들려주며, 제자와 문하생들에게 닫혀 있던 기존 사고방식으로부터 전환하라고 독려하는 내용이 많다. 여기에는 명나라 당대의 학당 분위기가 반영된 듯도 하다.

2) 중권

중권은 주로 왕수인이 학우나 문하생에게 보낸 서간문과 논문들이 수록되어 있다. 좀 더 구체적으로 알아보자면, 〈답인논학서〉, 〈답주도통서〉, 〈답구양숭서〉, 〈답나정암소재서〉, 〈답섭문울서〉 등의 서간문과 〈시제입지설〉, 〈훈몽대의〉, 〈교약〉 등 3편의 논문이 실려 있다. 상권과 하권에 비하여 중권만이 갖는 특징은 왕수인이 직접 저술했던 논문이 실렸다는 점이다.

중권에는 양명 왕수인이 만년(晩年)에 확립했다고 전해지는 학설들이 기록되어 있는데, 주로 치양지(致良知)와 만물일체(萬物一體)에 대한 학설들이 많다. 왕수인은 전통 유학의 이론에 구애받지 않고 독창적인 이론들을 자유롭게 진술했다. 여기에서 말하는 '전통 유학'이란 주자학으로 대표되는 성리학을 의미한다. 특히 그의 문하생들이 발전시킨 유(儒)·불(佛)·도(道) 삼교 융합과 관련된 언급이 여기 중권에서 많이 보인다.

3) 하권

하권은 상권과 마찬가지로 왕수인과 문하생들 간의 문답이 주로 실려 있다. '진구천'이 기록한 15개의 조목, '황이방'이 기록한 11개의 조목, '황수역'이 기록한 15개의 조목, '황성중'이 기록한 17개의 조목, '전덕홍'이 기록한 51개의 조목 등을 합하여 총 115개의 조목이 수록되어 있다. 이 밖에 왕수인 사후에 간행된 것으로 보이는 보유(補遺) 28개의 조목이 있으며, 기타 〈만년정론〉이 첨부되어 있다. 보유란 '보충하여 남겨 둔 기록물'을 의미하며, 만년정론이란 '늦은 나이에 확립된 이론'을 뜻한다.

3. 주요 개념

격물치지(格物致知)

중국 송나라 시대 등장하였던 주자학에서 학문을 연마하는 방법론 가운데 하나이다. 외부에 존재하고 있는 어떤 사물이나 현상 또는 사건 속에 내재된 이치를 끊임없이 탐구하고, 이를 바탕으로 하여 나의 지식을 완전한 경지에까지 이르게 한다는 뜻이다. 주희는 《대학장구》를 지어 "치지는 격물에 있다."라는 두 조목에 의견을 덧붙여 치지(致知)와 격물(格物)의 관계를 상세하게 논했는데, 이것이 곧 '격물치지' 학설이다. 주희는 여기서 "사물의 이치를 하나하나씩 탐구하여 나의 지식을 완성해 나간다."라고 해석했다. 즉, '격물'이란 각각의 모든 사물[物]에 이르러[格] 그 이치를 속속들이 파고들어 깊게 연구한다는 뜻이고, '치지'는 이미 내가 갖고 있던 지식[知]을 더욱더 끝까지 미루어 나가 앎을 완성한다[致]는 의미다.

명덕(明德)

인간이 태어나면서부터 선천적으로 가지고 있는 마음과 내면의 밝은[明] 덕성[德]을 뜻한다. 이 용어는 '인간이 태어날 때부터 선하다.'라는 맹자의 성선설을 절대적인 전제 조건으로 상정했을 때만이 가능한 개념이다. 《대학》에서도 자주 언급되는 용어인데, '인간의 본질'

을 의미한다고 풀이해도 무방하다. 《대학》 첫머리에 있는 "대학의 가르침은 밝은 덕을 밝히는 데에 있다[大學之道 在明明德]."라는 경문에서 유래된 말이다. 《대학》에서 말하는 가장 이상적인 인간상은 선천적으로 갖고 태어난 이 밝고 순수하며 착한 덕성을 끊임없이 수양하여 이를 잘 드러내고, 이를 다시 사회적으로 실현하는 사람이다. 《대학》에서는 이 덕성을 개인적으로 실현함을 일컬어 명명덕(明明德)이라 하고, 사회적으로 실현함을 친민(親民)이라고 풀이했다.

삼강령(三綱領)

사서(四書) 가운데 《대학(大學)》은 학문의 기초 입문서이자 정치적 책무를 밝히는 서적이다. 그리고 《대학》은 전통 시대에는 청소년들이 배움을 시작하는 교재라고도 할 수 있으며, 성인(聖人)이 펼친 진리를 공부하는 초학서이기도 하다. 《대학》에서 "내 몸을 닦고 다른 사람을 다스린다."라는 수기치인(修己治人)의 근본 원리를 설명한 세 가지 명제를 삼강령이라고 한다. 그중 첫 번째는 명명덕(明明德, 인간의 마음과 내면에 있는 본래의 밝은 덕성인 '명덕'을 개인적으로 실현하는 것), 두 번째는 친민(親民, 명덕을 사회적으로 실현하여 백성들과 어울리는 것) 또는 신민(新民, 백성들의 덕성을 북돋아서 새롭게 하는 것), 세 번째는 지어지선(止於至善, 최고의 선(善)에 모든 사람들이 함께 머무르는 경지)이다.

성리학(性理學)

본래 유가(儒家)의 학문은 인간의 일상생활과 밀접히 연관된 실제적인 사상 체계였는데, 중국 송나라 때에 접어들어 형이상학적 이론 근거를 부여하면서부터 새롭게 재구성돼 탄생한 학문 사조가 성리학이다. 노장사상을 위시로 하는 도가와 석가모니를 대표하는 불가의 형이상학적 학문 사조에 대항하고자, 송나라 때의 유현(儒賢) 즉, 선비와 현자들이 《주역》이나 《예기》, 《서경》 등의 내용 가운데 일부를 채용해 유가의 형이상학적 진리와 가치를 포괄하는 학문 구조를 탄생시킨 것이다. 성리학(性理學)은 어원으로 볼 때 하늘이 부여한 천명(天命)으로서의 '본성[性]'과 그 본성이 가지고 있는 '이치[理]'를 탐구하려는 일련의 모든 학문을 뜻한다. 간결하게 말하면 만물의 본성이 갖는 이치를 탐구하는 학문이다.

성선설(性善說)

"인간의 본성이 선하다."라는 맹자의 학설을 말한다. 《맹자(孟子)》에 "사람의 본성이 선하다는 것을 말할 때마다 반드시 요순(堯舜)을 칭했다."라고 한 데서 유래되었다. 요순은 공자가 최고의 이상적인 군주로 칭송했던 요임금과 순임금을 말한다. 성선설을 최초로 주장한 사람이 맹자라 알려져 있지만, 사실 맹자 이전에 많은 학자들이 이미 성선(性善)에 대해 말한 바가 많았다. 우리나라에 잘 알려져 있는 사서, 즉 《대학》, 《논어》, 《맹자》, 《중용》이라는 4개의 경서는 송나라 때 주희에 의해 정착되었다. 엄밀한 의미에서 논한다면 사서가 있기 전에 이미 오경(五經, 《시경》, 《서경》, 《주역》, 《예기》, 《춘추》)이 존재했다. 그런 까닭에 사서오경이라고 하는 것보다 오경사서라고 하는 편이 더 정확하다.

《맹자》이전, 오경 가운데 《시경》과 《서경》 등에 '인간의 본성이 선하다.'라고 언급한 흔적이 많은 것으로 보아, 맹자가 성선설을 주장하기에 앞서 많은 유학자들은 인간의 본성이 선하다는 데에 동의하고 있었음을 알 수 있다.

친민(親民)과 신민(新民)

앞에서 말한 대로 《대학》의 삼강령 가운데 하나가 '친민'이다. 그런데 송대 이후 유가에서 친민을 문헌에 기록되어 있는 문자 그대로 '친민'으로 보아야 한다는 학설과, 친민은 잘못된 표기이니 '신민(新民)'으로 고쳐야 한다는 두 가지 학설이 존재하기에 이른다. 이 두 관점과 해석은 당시 유명한 논쟁으로 이어졌다. 본래 옛 판본인 《고본대학(古本大學)》에는 '친민'이라 표기되어 있었는데, 송나라 때 정이천이라는 성리학자가 친(親)을 신(新)으로 고쳐 읽어야 한다고 주장하면서부터 논란이 시작되었다.

정이천은 주희의 스승이기도 했다. 주희의 《대학장구》에 따르면 신

(新)이란 '옛것을 개혁한다'라는 의미로 먼저 자기 자신부터 선천적으로 타고난 밝은 덕[明德]을 밝히고, 다시 다른 사람으로 하여금 옛것을 버리고 새롭게 태어나도록 함이 신민의 뜻이라고 정의한다. 정이천의 이러한 해석은 주희에게 그대로 이어져, 《대학》 경문을 해석하면서 추후 성리학 또는 주자학의 보편적인 해석으로 자리한다. 이렇게 주자학파에서는 '신민'이 옳다고 주장한 반면, 송나라 당시 고문헌을 중시했던 고학파(古學派)나 후대 명나라 시기 양명학파는 '친민'이 옳다고 주장했다.

양능양지(良能良知)

인간에게 천부적으로 부여된 선천적 능력과 인식을 의미한다. 《맹자》의 〈진심(盡心)〉 편에 나오는 말로, 맹자는 "인간이 배우지 않고서도 능히 행할 수 있는 것"을 양능(良能)이라 표현했으며, "생각하지 않아도 '옳고 그름[是非]'과 '선과 악[善惡]'을 알고 분별할 수 있는 지각"을 양지(良知)라고 말한 데에서 유래되었다. 여기에서 의미심장하게 보아야 할 점은, 양능과 양지의 순서이다. 양능이 먼저이고 양지가 다음에 위치한다. 즉, 배우지 않고도 행할 수 있는 실천이, 배우지 않고도 알 수 있는 앎보다 앞선다는 의미다. 이론적 지식에 대한 앎보다 실천이 선행되어야 함을 넌지시 보이는 것이라 하겠다.

한편, 맹자가 말한 양능과 양지는 주로 '도덕적 실천 능력'과 '도덕적 인식[지각] 작용'에 국한된 것으로 보아야 한다. 그 일례로는 부모에 대한 효심과 어른에 대한 공경심 등을 들 수 있다고 했다. 무엇보다도 맹자의 양능양지는 성선설을 전제했을 때만이 제시될 수 있는 주장인데, 훗날 명나라 왕수인은 맹자의 양능양지에 근거하여 수련을 통해 양지에 도달한다는 치양지 이론을 수립하기에 이른다.

존덕성(尊德性)과 도문학(道問學)

'존덕성'과 '도문학'은 유학에서 제시하는 공부 방법론의 두 가지 경로를 의미한다. 존덕성(尊德性)은 인간에게 선천적으로 부여된 착한 본성[德性]을 높이 받들어[尊] 그것을 보존해 내는 수양 방법이다. 도문학(道問學)은 끊임없이 묻고[問] 배우는[學] 과정[道]을 통하여 선한 덕성을 배양해 나가는 수양 방법을 의미한다. 이 말들의 출처는 《중용(中庸)》 27장에 보인다.

그러나 《중용》 원문에서는 존덕성과 도문학이 함유하는 의미와 양자 관계에 대한 서술은 없다. 또한 이들을 구별하는 근거나 기준에 대해서도 어떠한 언급조차 없었다. 다만 주희와, 당시 주희의 논적이었던 육구연이라는 학자가 공부하는 방법론이 어떠한 것을 우선적으로 해야 하며, 또 무엇이 중요한 것인지를 논쟁하는 과정에서 이 말들이 출현하게 되었다. 이때부터 존덕성과 도문학은 세간의 관심을 갖는 논제로 부각되었다. 육구연은 주로 인간 내면의 덕성을 높이는 것을 우선해야 한다는 존덕성을 주장한 반면, 주희는 인간의 본심 속에 선험적으로 지혜와 덕성이 갖추어져 있음을 인정하면서도 (어떤 사물이나 범위 안에 있지 않고 인간 마음의 외부에 존재하고 있는) 모든 사물의 이치를 궁구하는 것으로부터 시작하여 나의 내면세계로 들어올 때 모든 진리를 알아낼 수 있다고 주장한다. 따라서 부단하게 외부 사물에 대한 이치를 연구하여 활연 관통(豁然貫通, 환하게 통해 도를 깨달음)의 경지에까지 승화해 나가야 한다는 공부 방법을 강조했다. 이것이 바로 도문학이다.

왕수인은 인간 본심 자체에 대한 확고한 믿음과 확실성을 따르고 있었기 때문에 육구연이 주장한 존덕성의 공부 방법에 동의했고, 당연히 주희의 도문학 공부 방법론에는 회의적이었다.

즉물궁리(卽物窮理)

'사물[物]에 나아가[卽] 그 사물에 내재된 이치[理]를 연구한다[窮].'는 뜻이다. 앞서 언급한 격물치지를 이뤄 내는 단계적 연구 방법론과 같다. 성리학에서 말하는 물(物)이란 단순히 '사물'만을 의미하는 것이 아니라, 인간 세상에서 일어나는 다양한 '사건'과 '현상'을 총망라하여 지칭한다. 그래서 각종 문헌에는 사사물물(事事物物)로 표현되어 있기도 하다.

천리(天理)

천리란 글자 그대로 '하늘의 이치'를 뜻한다. 좀 더 나아가 표현하자면, 선천적으로 선한 본성을 비유하여 하늘이 내려준 이치로 사용되기도 한다. 또한 인간 본성 속에 본래부터 갖추어진 올바른 도리를 의미하는 용어로도 쓰인다. 인간의 본성은 하늘의 이치와 같다는 점에서 천리(天理)라고 표현되었던 듯하다. 이 용어의 정확한 출전은 《예기》이며, 다음과 같은 말이 나온다. "사람이 태어날 때부터 고요하고 착하다. 이것이 천성(天性)이다. 자신을 돌아보고 반성하지 않으면 천리는 없어진다."

천리는 송나라 시대 성리학자들이 중요하게 생각하면서부터 새롭게 부각되었고, 사람의 욕심과 욕망에 대비되는 윤리적 용어로 부상했다. 그래서 성리학자들은 존천리거인욕(存天理去人欲)이라 하여 "인간의 사사로운 욕심을 제거하고, 인간의 순수하고 착한 본성으로서의 천리를 보존하라."라는 조어를 만들고 주장하였다.

팔조목(八條目)

《대학》의 가르침을 실현하고자 제시된 여덟 가지 단계적 방법을 말한다. 8개 조목을 구체적으로 열거하면 격물(格物)·치지(致知)·성의(誠意)·정심(正心)·수신(修身)·제가(齊家)·치국(治國)·평천하(平天下)이다.

앞서 서술한 바와 같이 《대학》에서 밝히는 학문의 요체를 삼강령이라고 한다면, 이 삼강령을 구체적으로 실천하는 방법이나 과정을 8개 조목으로 나열한 것이 팔조목이다. 얼핏 보기에 삼강령과 팔조목이 독립된 개념으로 보일 수도 있겠으나, 이 둘의 영역은 횡으로나 종으로 보아도 매우 밀접한 관계를 형성하고 있다. 여기에서 '횡'과 '종'을 언급하고 있듯, 《대학》을 읽고 해석하는 독자의 관점에 따라 얼마든지 다양한 세계관이 도출될 수 있는 개연성이 있다. 《대학》이라는 서적이 본래 《예기》의 한 편으로 존재해 있던 것을 주희가 뽑아내어 새롭게 편집하고, 주희가 직접 글을 써서 삽입하여 《대학장구》를 내놓게 되면서 시각 차이가 드러나게 되었기 때문이다. 즉, 《대학》에는 본래 삼강령 팔조목이 구분되어 있지 않았고, 주희 등 후학들에 의하여 《대학》의 내용을 이해하기 쉽도록 편의상 분류해 놓은 개념이다.

4. 관련 책과 인물

《대학(大學)》과 《대학장구(大學章句)》

《대학》은 본래 오경 가운데 하나인 《예기》의 총 49편 가운데 42번째에 출현하는 단편의 글이었다. 따라서 글의 분량도 극히 적은 단편에 불과하였다. 당나라 이전까지만 해도 《대학》은 《예기》 속의 한 편에 불과하였기 때문에 특별히 단행본으로 간행된 바도 없었다. 역설적으로 말하면 《대학》의 중요성을 별로 느끼지 못했다는 것이다.

그런데 당나라 때 한유(韓愈)라는 유학자가 《대학》의 문장을 인용하며 도가와 불가를 배척하는 근거로 삼기 시작하면서부터 세간의 사람들로부터 관심을 받게 되었고, 이후 유가철학의 새로운 사조를 알리는 성리학을 완성시키는 데에 중요한 이론서로 그 위상을 달리하게 되었다. 송나라 때 사마광(司馬光)이 최초로 《예기》로부터 〈대학〉편을 분리하여 《대학광의(大學廣義)》라는 단행본을 간행하였고, 이후 그 가치가 새롭게 조명되면서 성리학과 주자학을 집대성한 주희가 문장[章]과 구절[句]을 새롭게 편집해 《대학장구》를 내놓으면서 사서의 한 권으로 격상되었다. 이후 주희의 《대학장구》는 성리학 개론서와 유학의 정치 입문서로서 확고한 위치를 차지하게 되었다.

요(堯)임금

중국 고대 성군(聖君)으로 알려진 임금이다. 중국 고대 전설상의 임금인 세 명의 황제와 다섯 명의 황제[三皇五帝] 가운데 한 사람으로, 처음에는 도(陶) 땅에, 나중에는 당(唐) 땅에 봉해져 도당씨(陶唐氏)라고도 일컬어졌으며, 이름은 방훈(放勳)으로 알려져 있다. 《맹자》 등 유교 관련 서적에서 고대 성왕을 칭할 때마다 반드시 거론되는 인물이 요임금과 순임금이며, 이들의 태평성대를 기리어 '요순시대'라는 사자성어도 만들어졌다.

순(舜)임금

역시 중국 고대의 전설 같은 성군이며, 요임금과 더불어 삼황오제 가운데 한 사람이다. 그의 아버지 고수는 후처에게 빠져 이복동생인 상만을 아끼면서 항상 순을 해치려고 온갖 방법을 썼으나, 순은 묵묵히 농사를 짓고 고기를 잡으며 가족들을 봉양하고 도리를 다했다고 전해진다. 이에 아버지와 동생이 감화를 받아 잘못을 뉘우치고 올바른 길을 걷게 되었다. 이러한 순의 인품과 덕성으로 말미암아, 순이 역산이라는 거주지에서 밭을 갈 때에는 이웃 사람들이 밭두렁을 양보하고, 연못에서 고기를 낚을 때에는 자리를 양보하며, 그가 사는 곳에는 항상 사람들이 모여들었다고 한다. 이 소문을 들은 요임금이 그를 조정으로 불러들여 딸과 혼인시켜 제가(齊家)를 잘하는지를 시험한 후에, 왕좌를 순에게 전수해 주었다고 한다. 이것이 곧 고대 유가의 왕위 계승 제도인 선양(禪讓)이 유래하는 시작이었다.

정호(程顥)와 정이(程頤)

중국 송나라 시대 성리학자들이며, 형제지간이다. 흔히 형인 정호와 동생인 정이를 합하여 이정선생(二程先生)이라 했다. 그러나 정호의 호는 명도(明道)이고 정이의 호는 이천(伊川)인데, 각각의 호가 더 널리 알려져 있어 '정명도'와 '정이천'으로 통하게 되었다. 두 형제는 송나라 시대에 시작된 성리학과 도학(道學)의 창시자나 마찬가지이다. 이들은 자신들의 학설이 맹자 사후 1400여 년 동안 중단되었던 유학의 도통을 진정으로 계승하는 것이라고 자임했다. 이들은 이른바 '이치[理]'를 유교철학의 최고 범주로 삼아 도덕원리가 개인과 사회에서 최고의 준칙을 갖는다고 했으며, 이러한 도덕원칙을 배양하기 위해서는 정신 수양과 심신 함양을 매우 강조하기에 이른다. 이정(二程)은 모두 북송 시대의 주돈이에게 배웠고, 형이었던 정명도보다 한 살 어렸던 정이천의 학문이 주희에게 전해지며, 사제 관계와 유교 도통(道統)의 전수에서 주된 인물들로 추앙된다.

송나라는 본래 조광윤이 개봉을 도읍으로 하여 세운 왕조인데, 북쪽의 금나라가 개봉을 공격하여 송나라 황제들이 포로로 잡혀 가게 된다. 이후 황족이었던 조구가 항주로 도읍을 옮겨 금나라에 대항하였는데, 항주가 개봉보다 남쪽에 위치하였기 때문에 도읍지의 위치에 따라 전조를 북송, 후조를 남송으로 부르게 된 것이다. 중국의 왕조는 대부분 도읍을 옮기는 것에서 이름이 변경되는 사례가 많다. 주나라도 서주와 동주, 한나라도 서한과 동한 등이 그 한 예이다.

주희(朱熹, 1130~1200)
중국 남송 시대 유학자이자 성리학 집대성자로 잘 알려진 인물이다. 주희의 학문을 후대 사람들이 높여서 그를 '주자'라 했으며, 그의 학문도 '주자학'이라 칭송했다. 주희는 북송의 주돈이, 소옹, 장재, 정호, 정이 등의 학설을 계승하고 종합하는 한편, 동시대의 불교와 도교 이론까지 섭렵하여 방대한 사상 체계를 완성하였다. 이로써 성리학이자 주자학의 완성자로 추앙받기에 이른다.

주희의 업적 가운데 가장 돋보이는 것은 역시 《사서집주(四書集註)》의 완성과 보급이다. 고대부터 전해 오던 고전 가운데 《논어》, 《맹자》와 더불어 《예기》 속의 〈대학〉과 〈중용〉을 꺼내 별도의 단행본으로 엮어 이들 네 서적을 사서라 하고, 독창적으로 해석한 주석들을 덧붙였다. 주희는 선대의 모든 주석들을 모으고 여기에 본인의 주석을 합쳐 사서에 관한 방대한 해석집을 출간하였는데, 이 책의 이름이 바로 《집주(集註)》이다. 수많은 풀이[注]를 모았기[集] 때문에 집주(集注)라고 하며, 주석서들을 모았다 하여 《집주(集註)》라고도 한다. 어쨌든 《집주》는 주자가 내놓은 해석집을 상징하게 되었고, 곧 고유명사로서의 가치를 얻었다. 주(注)는 '물을 대다'라는 한자이다. 웅덩이에 고인 물의 방향을 어디로 열어 주느냐에 따라 물의 방향이 정해지듯, 공맹(孔孟)의 말씀이 기록된 문헌들을 어떻게 풀이하느냐에 따라 해석학적 관점이 다르게 변모되므로 주(注)는 문헌을 해석하는 중요한 관건이 되었던 셈이다.

《사서집주》는 당시뿐만 아니라, 이후 조선의 사대부들에게도 성리학을 공부하는 데에 있어 중요한 교재가 되었고, 과거 시험을 준비하는 학생들에게는 둘도 없이 소중한 주교재로서의 역할을 톡톡히 해냈다. 나아가 주희가 활동하던 12세기는 종이와 인쇄술의 발달로 서적의 출간이 왕성하던 때였으므로, 《사서집주》는 주변의 필요성에 부응하여 꾸준히 각광을 받았다.

전덕홍(錢德洪, 1496~1574)

호는 서산(緒山), 왕수인의 수제자로 스승 왕수인과 고향이 같다. 양명 이후 형성된 학파 가운데 정통파로 인정받으며 양명 우파에 속하게 된다. 논적으로는 양명 좌파의 대표인 왕기가 거론되며, 스승 왕수인과 함께 천천교 다리 위에서 셋이 토론했던 '천천증도문답'이라는 글이 유명하다. 이 글은 훗날 양명 후학의 특징을 가늠하는 중요한 명제(사구교(四句教))가 되었다. 전덕홍은 《전습록》을 편집한 중심 인물이며 온건하고 독실한 학풍을 지녔다고 평가받는다.

왕기(王畿, 1498~1583)

호는 용계(龍溪), 자는 여중(汝中)이다. 왕수인에게 직접 배웠던 제자이며 전덕홍과 함께 양명 문하를 대표하는 빼어난 인물로 칭송된다. 특별한 관료나 관직을 역임한 바 없으며, 오직 스승의 학문을 전파하는 데에만 몰두한 제자 중의 으뜸 제자였다. 그는 인간의 마음이 무선무악(無善無惡)하다고까지 하며 유가 전통의 성선설을 부정하기도 했다. 그래서 일각에서는 양명학 발전이 실로 왕기에 의해 이루어졌다고까지 하며, 그를 높게 평가하기도 한다. 스승 사후, 양명 후학의 정통파였던 전덕홍에 밀려 양명 좌파의 인물로 분류된다.

1. 이 책의 원전은《中國古典精華文庫》內《王陽明全集》1부《傳習錄》부분을 저본으로 삼았으며, 국역 부분은 국내 출간된《전습록》번역서 가운데 김홍호 선생이 풀이한《양명학 공부》를 주로 참고했다.
2. 《전습록》은 원래 상권, 중권, 하권 세 권으로 구성되는데, 이 책은 독자들의 이해를 돕기 위하여 양명학의 주요 사상 가운데 가장 특징적인 것을 뽑아 6장으로 재구성하였다.
3. 중국 명나라 시대는 간행 작업이 왕성하였다. 우리가 말하는 '명조체'라는 것도 명나라 조정에서 간행했던 서체를 의미한다. 이처럼 명나라 때 저서들에는 대화체 글이 많고, 특히《전습록》이 문언체가 아닌 다양한 어록체였음을 감안하여, 독자들이 좀 더 쉽게 이해할 수 있도록 원전의 본뜻에 어긋나지 않는 범위 내에서 의역하였다.
4. 6개의 장별마다 주요 내용을 개괄해 놓았고, 각 소절마다 대화의 주제에 부합하는 소제목을 붙여 당시 철학 논제들을 쉽게 이해할 수 있도록 했다.

1장

【 심즉리 】

왕수인이 남긴 사상 가운데 가장 핵심이 되는 학설이 '마음이 곧 이치'라
는 심즉리(心卽理)이다. 이 학설은 주자를 비롯한 선대 학자들이 줄곧 주장했
었던 '본성이 곧 이치'라는 성즉리(性卽理)와 사상적으로 대립하게 된 주요 명
제이기도 하다. 주자학의 관점에서 보자면, 만물은 제각각 본성을 가지고 있
고[존재의 이치] 그 본성마다 그의 본분에 알맞은 이치[당연의 이치]가 있으며,
인간은 그러한 만물이 가진 본성의 이치를 통하여 인간으로서의 위상을 찾
아가야 한다고 보았다. 여기에서 관건은 인간의 마음이 세상 만물과 분리되
어 있다는 것에서 출발한다는 점이다. 그러나 왕수인은 세상 만물의 이치와
나의 마음이 별개의 것인지의 여부에 자신의 문제의식을 집중하여 파고들기
시작했다. 이후 사람의 '마음'이 세상 만물이 갖고 있는 '이치'를 깨닫게 하는
준거이며, 때로는 책임을 갖게 만드는 저점이라고 주장한다.
   이번 장에서는 인간의 마음[心]이란 무엇이며, 세상을 바라보는 관점 차이
가 어디에서부터 달라지는가를 중심 논제로 다룬다.

누구나 성인이 될 수 있다

희연(希淵, 왕수인의 제자로 본명은 채종연이고 호는 아재)이 여쭈었다.

"인간은 배우기만 하면 누구나 모두 성인(聖人)이 될 수 있다고 합니다. 하지만 백이(伯夷, 은나라 말기에서 주나라 초기 무렵 동생인 숙제와 함께 주나라 무왕이 은나라 마지막 왕인 주왕을 친 것을 부끄럽게 여기고 수양산에 숨어 살다 죽은 사람. 끝까지 군주에 대한 충성을 지킨 의로운 사람으로 알려짐)와 이윤(伊尹, 탕왕을 도와 하나라 걸왕을 물리치고 천하를 통일해 태평성대를 이룬 재상)을 공자와 견주어 보면 자질이나 역량이 다른 듯합니다. 그럼에도 그분들을 모두 성인이라 하는 이유는 무엇 때문입니까?" [전습록 상, 100조목]

동양에서는 가장 이상적인 인간을 성인(聖人)이라고 했다. 또 맹자는 "인개위요순(人皆爲堯舜)"이라 하여, "사람은 누구나 다 성인이 될 수 있다."라고도 하였다. 그러므로 선비들이 공부를 하는 근본 목적은 유명해지기 위해서도 아니며, 돈을 많이 벌기 위해서는 더더욱 아니었다. 다만 이와 같은 성인이 되거나, 혹은 성인이 못 될 바에는 군자의 삶이라도 누리려는 데에 삶의 목적이 있었다. 그런데 희연이라는 왕수인의 제자가 보기에는 당시 성인으로 추앙받던 인물들이 모두 똑같은 능력을 가진 사람들이 아니라 각자 다른 성격을 가지기도 하였고, 각각의 위치와 능력에 따라 세상을 바라보는 관점이 달랐다고 여겨졌다. 이에 희연이 왕수인에게 '성인'이라는 개념에 대하여 정확히 질문을 던진다.

양명 선생께서 대답하셨다.

"성인을 성인이라 부르는 까닭은 오직 그분들의 마음이 '하늘의 이치[天理]'에 순수하게 맞았고, 인간으로서의 욕망이 섞이지 않았기 때문이다. 우리가 순금을 순수하다고 하는 까닭은 단지 금이 갖는 순수한 색깔만을 완전하게 갖추고 있으며 구리나 납과 같은 것이 섞여 있지 않기 때문이다. 인간이란 그 마음이 하늘의 이치에 순수하게 맞아야만 비로소 성인이 되고, 금은 색깔이 완전해야만 순금이 되는 것이다.

하지만 성인의 재질과 역량에도 크고 작은 차이가 있다. 마치 금의 무게에 가볍고 무거움이 있는 것과 같다. 중국 고대의 위대한 성인인 요임금과 순임금이 만 일(鎰, 금의 무게를 재는 단위)의 무게와 같다면, 문왕(文王, 주나라의 창건자인 무왕의 아버지로, 성군이라 칭송받음)과 공자(孔子)는 구천 일의 무게와 같고, 우(禹, 하나라의 시조로 홍수를 다스려 나라를 구함)임금과 탕왕(湯王, 은나라의 창시자) 그리고 무왕(武王, 주나라의 창건자로 현군이라 칭송받음)은 칠팔천 일의 무게와 같고, 백이와 이윤은 사오천 일의 무게와 같다.

이렇게 자질과 역량은 다르지만 그 마음이 하늘의 이치와 같다는 점에서 모두 성인이라 말할 수 있는 것이다. 비록 무게는 다르나 색깔이 같다는 점에서 모두 순금이라 할 수 있는 것과 같은 이치다. 백이와 이윤을 요임금과 공자 사이에 섞는다 하더라도 그분들 마음이 하늘의 이치에 부합하였다는 점에서는 모두 같을 것이다. 다만 순금이 될 수 있는지 여부는 색깔이 완전한가에 있는 것이지, 결코 무게의 경중에 따라 달라지는 것은 아니다. 즉, 성인이 될 수 있는 요인은 하늘의 이치에 순수하게 맞는지 여부에 연관되어 있을 뿐, 자질과 역량에 달려 있는 것은 아니다.

그러므로 비록 평범한 사람이라도 끊임없이 노력하면 하늘의 이치와 순수하게 합치될 수 있으니, 역시 성인이 될 수 있다. 마치 한 량(兩, 무게의 단위)의 가벼운 금을 만 일의 무거운 금과 비교할 때에는 무게에 있어 큰 차이를 나타내지만, 그 색깔이 같다는 점에서는 부끄러움이 없을 것이다. 그러므로 사람이라면 누구나 요순처럼 될 수 있음이 바로 이 때문인 것이다."[전습록 상, 100조목]

인간이라면 태어날 때부터 누구나 성인이 될 자질과 역량을 갖추었다는 것이 왕수인의 기본 입장이다. 인간에게는 각각 다른 성격과 능력 그리고 적성과 소질이 있다. 누구는 키가 크면서 체격이 좋고, 누구는 키가 작은데도 엄청난 힘을 가지고 있다. 또 누구는 아무리 밥을 많이 먹어도 살이 안 찌는데, 누구는 조금만 먹어도 금세 뚱뚱해지기도 한다. 누구는 외국어를 잘하지만 설득력은 없고, 어떤 이는 외국어를 못하지만 남을 이해시키는 능력을 가지고 있기도 하다. 또 누구는 운동을 잘하며, 누구는 음악이나 미술을 잘하고, 누구는 앞장서서 사람들을 이끄는 리더십이 강하고, 누구는 사람들 사이의 문제를 잘 해결하는 능력이 있다. 이처럼 각자의 외모, 성격, 능력, 적성 등이 제각기 모두 다름을 인정할 수밖에 없을 것이다.

그런데 왕수인이 이야기하려는 성인은 이런 다양한 현실적인 모습 가운데 어느 한 가지를 의미하는 것이 결코 아니다. 타의 추종을 불허할 정도로 막강한 힘을 가지 사람도 기억력이 나쁠 수 있고, 또 기억력은 좋아도 창의력이 없을 수 있고, 창의력이 있어도 응용력이 약할 수 있고, 공부는 잘해도 집단 구성원들 간 친목과 조화를 키우는 능력은 부족할 수 있다. 물론 수많은 사람들 가운데 공부도 잘하고 운동도 잘하고 친구들 사이에 인기도 있으며 성격도 좋고 외모도 수려한 사람도 있다. 하지만 이러한 각계 각 분야에서의 능력 이전에 그 사람이 가진 선천적인 도덕성에 대해서 우리가 한 번만이라도 더 고민해 보자는 것이다.

왕수인은 "인간이라면 누구나 모두 성인이 될 수 있다."는 맹자의 말에 적극 동의하는 것에서 자신의 입론(立論)을 시작한다. 우리는 태어날 때부터 마음속에 진실하고 순수한 이치를 가지고 있는데, 이를 '하늘의 이치[天理]'와 맞닿는 곳이라 한다. 우리가 이런 하늘의 이치에 부응하여 순수하고 선한 행동을 표출하게 되었을 때 그 마음은 결국 참된 '사랑'이 되며, 온 삼라만상의 이치 역시 이 사랑과의 교감을 통하여 적재적소에서 활동과 교감을 이룬다. 이러한 참되고 순수한 나의 마음속을 잘 보듬고 가다듬어 더욱더 진실하고 순수해지려고 꾸준히 노력한다면, 누구나 성인이 될 수 있다는 이야기다.

예를 들어, 땅속에서 황금을 처음 캐냈을 때는 여러 불순물이 섞여 있지만 그 불순물들을 모두 없애 버리고 나면 순금만 남는데, 인간 역시 마찬가지라는 것이다. 태어날 때부터 내 마음속에 자리 잡은 참된 마음만 꽉 붙잡고, 세상을 살아가면서 쌓이게 된 다른 욕심들을 없애 버린다면, 인간은 순금과 같은 본래 모습을 찾게 된다는 말이다. 그러므로 이전까지만 하여도 인간은 스스로를 아무 쓸데없는 진흙덩어리인 줄 알고 있었는데, 알고 보니 본래부터 순금덩어리였다는 사실을 깨닫게 되면서부터 나뿐만 아니라 다른 모든 사람들도 순금덩어리라는 진실을 접하게 된다. 이러한 마음이 확장된다면 태평천하를 이룰 수 있다는 논리가 맹자나 왕수인의 기본 입장이다.

따라서 성인이 된다는 것은 인간 본연의 순수한 마음이 하늘의 이치에 얼마만큼 도달했는지에 달려 있는 것이지, 머리나 신체의 능력과는 전혀 상관없음을 의미한다. 성인이 된다고 해서 내가 갑자기 운동도 잘하고 외국어도 잘하고 머리도 좋아지고 모든 능력 면에서 완벽해진다든가 전지전능한 초인이 되는 것이 결코 아니다. 마치 똑같은 순금이라 하더라도 무게나 모양이 다양할 수 있듯, 똑같은 성인이라 하더라도 각자 다양한 외모, 능력, 적성, 자질 등에 따라 차이가 있지만 그 순수한 마음만은 동일하다는 것이다.

내 마음속에 참된 진리가 있다

서애가 여쭈었다.

"지극한 착함[至善]이라는 것을 마음속에서 찾아야만 한다고 합니다. 하지만 세상일이라는 것이 그렇게 마음대로 되지 못하며, 형식이라는 것도 무시할 수만은 없습니다. 지극히 착한 마음과 지극히 착한 정성만으로 무엇을 이룰 수 있다는 것입니까?"

양명 선생께서 대답하셨다.

"내 마음이 곧 세상의 이치가 된다. 지극히 착한 마음과 지극한 정성만 있으면 세상에 못 이룰 일이 없고, 부끄러움이란 것도 없다. 세상에 지극히 선한 마음 이외에 또 어떤 이치가 있을 수 있겠느냐? 세상 사람들이 자신 안에 있는 지극히 착하고 지극히 성실한 마음을 알면서도, 이를 자꾸 멀리하고 세상일의 온갖 형식에만 집착하니 이런 말을 하게 되는 것이다. 세상에 마음을 벗어난 일이 있고 마음을 벗어난 이치가 있겠는가?"

서애가 다시 여쭈었다.

"그러면 부모님께 효도를 한다거나 또 임금님께 충성을 다한다고 합시다. 친구에게는 신의를 지키고 또 백성들에게는 사랑을 다한다고 합시다. 그렇다면 이러한 일을 실천하는 가운데에도 여러 조건들과 형식들이 담긴 이치가 있지 않을까요? 효도와 충성과 신의와 사랑을 실천하기 위해 각각의 상황에서 여러 형식과 조건을 잘 살펴봐야 하지 않을까요?"

양명 선생께서 탄식하며 말씀하셨다.

"어떤 일들에 자꾸 조건과 형식이라는 단서를 붙이게 되어 올바른 생각을 가린 지 오래된 바다. 어찌 한마디 말로 깨달을 수 있겠는가? 질문한 내용에만 이야기해 보겠다.

예컨대 부모에 대한 효도를 생각해 보자. 부모님께 효도를 실천할 때 물건으로 드리는 것이 참된 효도인지, 또 물건을 드린다면 얼마만큼 어느 정도를 드리는 것이 좋을지 여러 고민이 앞서게 된다. 사람의 마음에는 사사로운 욕심이 있기에 다른 사람들과 비교당하기 싫어서 그 형식과 조건을 자꾸 높일 수도 있기 마련이다. 그렇게 되면 본래 부모님께 참된 효도를 드리고 싶었던 그 본마음은 어디론가 사라지고, 부모님께 드려야만 하는 효도의 조건과 형식에만 빠지게 되어 '효'의 본래 이치마저 잃게 되고 만다.

아버지에게 효도를 한다고 가정해 보자. 그럴 때 아버지가 그 자리에 꼭 계셔야만 효도를 하는 것은 아니지 않느냐? 설령 아버지가 돌아가셨다고 하더라도 아버지라는 존재는 영원히 너의 마음속에 남을 것이다. 아버지가 꼭 살아 계실 때만 네가 아버지를 사랑하는 마음을 갖게 되는 것은 아니지 않겠는가? 임금에 대해서도 마찬가지다. 임금이 네 바로 앞에 계실 때에만 충성을 다하는 것이 진정한 충성이라고 말할 수 있겠느냐? 임금님이 네 앞에 안 계시고 다른 곳에 거처하고 계실 때에도 너는 충성하는 마음을 여전히 갖고 있을 것이며, 설령 임금님이 승하하셨다 해도 네 마음속에서 임금님을 사모하고 충성하는 마음을 잃지 않는 것이 무엇보다도 중요한 것이다. 친구를 사귀고, 나아가 백성을 다스리는 데에서도 이와 같을 뿐이다. 친구들을 꼭 만나 보거나 백성들에게 나아가 꼭 사랑을 베푸는 형식을 갖추어야만 믿음과 사랑을 베푸는 것은 아닐 것이다. 그렇다면 모든 일에서 가장 궁극적이고 중요한 관건은 무엇이겠느냐? 결국 이 모든 것이 내 마음에 달려 있다는 점이다.

그러므로 마음이 곧 진리며 마음이 곧 이치다. 인간이 태어날 때부터 갖게 되는 순수한 본연의 마음을 벗어나 그 어떤 다른 조건을 붙여서도 안 된다. 마음이라는 이치에 사사로운 욕심에 따르는 조건과 단서, 그리고 형식이 붙지 않을 때 비로소 그 마음은 하늘의 이치, 곧 진리와 통하게 된다. 그러니 조금이라도 그 어떤 조건과 단서가 덧붙어서는 안 된다.

하늘의 이치에 따라서 인간이 선천으로 갖게 되는 순수한 본연의 마음을 발휘하면 되는 것이니, 그런 순수 본연의 마음으로 부모를 생각할 때 효도의 이치라 하고, 그런 순수 본연의 마음으로 임금을 생각할 때 충성의 이치라 하고, 그런 순수 본연의 마음으로 친구를 생각할 때 믿음의 이치라 하고, 그런 순수 본연의 마음으로 백성을 생각할 때 자애로움[仁]의 이치라 한다. 이처럼 세상의 모든 이치는 자신의 마음속에 있을 뿐이지, 외부 조건이나 상황에 따른 형식에 얽매여 있는 것은 아니다. 그래서 사사로운 욕심을 버리고 순수한 마음으로 하늘의 이치를 따르려고 노력하면 되는 것이다." [전습록 상. 3조목]

양명학에서 가장 큰 화두는 '내 마음속에 참된 진리가 있다.'라는 것이다. 양명의 말을 빌려 한자로 쓰자면 심즉리(心卽理)라고 표현한다. 진실한 마음은 '하늘의 이치[天理]'라고도 하는데, 그 속성은 '지극히 착한 마음[至善]'이며, 그런 마음을 잘 파악하고 붙잡으면 세상 모든 일이 순조롭고 바람직하게 이루어지리라는 주장이다.

과연 그럴까? 왕수인의 제자인 서애 역시 이러한 의문을 갖고 있었다. 과연 내 몸속에서 '지극히 착한 마음'을 찾아냈다고 하여 세상 모든 사람이 행복해지고, 또 세상의 모든 일들이 잘 풀려 나갈 수 있을까? 모두가 살 만한 세상을 만들기 위해서는 정치 개혁이라든가 전쟁 방지, 빈민 구제, 사회적 안전망과 같은 어떤 실질적인 조치가 필요한 것이 아닐까? 그저 내 마음의 순수한 이치만을 구한다고 모든 것이 순조롭고 바람직한 방향으로 전개될 수 있을까?

이에 대해 왕수인의 답은 명확하다. 나의 진실한 마음만이 가장 중요하다. 물론 실제로 일을 진행해 나가려면 주변의 다양한 형식적인 일도 필요할 것이다. 이러한 소소한 조목이나 장치들을 무시할 수 없는 것은 분명하다. 그러나 무엇보다 나 자신의 지극히 착한 마음에서 우러나오는 순수한 마음과 정성스러운 자세가 없다면, 아무리 좋은 형식이나 조치가 있다 하더라도 좋은 결과를 이루어 내기가 어렵다는 것이다.

더욱이 세상 사람들은 모두 자신의 일을 잘 수행하기 위하여 여러 방법을 찾아내고 고민하면서도 자신이 태어날 때부터 선천적으로 가지고 있는 이 '착한 마음'에 대해서는 외면하고 있기 때문이다. 어쩌면 역설적으로 인간은 살아가면서 자신이 가지고 있었던 본연의 모습을 되찾기 위하여 지극히 착한 마음을 더욱 강조하게 되었을지도 모른다. 사실 모두가 행복한 세상을 만들려면 이를 위한 구체적인 제도나 방법도 중요하지만, 더욱 중요한 것은 제도를 만들어서 운용해 가는 '사람의 마음'이라는 것이다. 아무리 좋은 제도라 하더라도 인간이 만든 이상, 교묘하게 악용될 소지 또한 배제할 수 없기 때문이다. 그래서 법률을 적용할 때에도 항상 인간이 가지고 있는 보편적 이성과 양심적 아량을 중시해야 한다. 왕수인은 이렇게 항상 기본이 되어야 하는 인간의 마음을 지극히 착한 마음[至善], 본연의 앎[良知], 하늘의 이치[天理] 등으로 달리 표현했다.

그러나 제자 서애는 이 말을 온전히 이해하지 못하고, 다시 구체적인 인간관계 속에서 어떻게 착한 마음만으로 모든 것이 해결될 수 있는지를 질문했다. 즉 서애에게는 내게 아무리 좋은 의도나 동기가 있다 할지라도, 그런 마음만으로 모든 일이 늘 순조롭게 풀리는 것은 아니지 않는가라는 의문이 맴돌았던 것이다. 부모에게 효도를, 임금에게 충성을, 친구 간에 신의를, 백성에게 사랑을 다하려면 각각 다양한 상황 속에서 그에 맞는 다양한 형식과 조건을 살펴봐야 하는 것 아니겠냐는 말이다.

그러나 왕수인이 힘주어 강조하는 것은 다양한 상황에 부합할 수 있는 적절한 대응이 아니라, 어떤 조건이나 극한 상황과도 관계없이 내 마음속에 진심이 담겨 있는지의 여부일 뿐이다. 나의 지극히 착한 마음으로 부모에게는 효도를, 임금에게는 충성을, 친구들에게는 신의를, 백성에게는 사랑을 다하고 있다면 구체적인 형식이나 절차 같은 것들은 저절로 자연스럽게 이루어지리라 본 것이다. 지금 세상에서 일어나는 온갖 문제점들은 형식이나 절차가 잘못되어 일어난 것이라기보다는, 순수하고 참된 마음이 사라짐으로써 사사로운 욕심이 작동하는 경우가 대부분이기 때문이다. 외부 조건은 끊임없이 변화하기 마련이다. 그러니 내 마음속에 진심으로 중심이 잡혀 있다면 그러한 다양한 변화에 대해 추호도 흔들림 없이 올곧은 행동을 표출할 수 있다. 그러나 내 마음속 중심을 잃어버리면 아무리 외부 조건이나 제도를 갖추었다고 할지라도 제대로 대처할 수 없기 마련이다. 혹시라도 우연히 제대로 된 대안과 대처 방법을 제시했다 하더라도, 자신의 진심이 아니라면 스스로를 속이는 행위가 될 뿐이니, 오랫동안 지속하는 것 또한 어려운 일이다. 그러므로 무엇보다도 내 몸속에 있는 참된 본성인 지극히 착한 마음을 지키는 것이 삶을 올바르게 살아가는 최우선 과제라고 본 것이다.

마음이라는 거울을 통해 세상을 보라

서애가 여쭈었다.

"마음이라고 하는 것은 꼭 거울과 같습니다. 성인의 마음은 늘 밝은 거울과 같아요. 그러나 보통 사람들은 먼지가 가득 낀 거울과 같고요. 요즘에 생각해 보니 주자의 '격물설'은 거울로 물건을 비추는 것과 같습니다. 그런데 거울에 먼지가 낀 데 주의하지 않고 다만 비춰지는 물건에만 집중하는 듯하니, 어찌 제대로 비추어 볼 수 있겠습니까? 선생님의 격물설은 곧 자신의 거울을 먼저 닦은 후에 맑아진 본모습으로 다른 사물을 보려는 것과 같습니다. 그러니 밝아진 거울에 비추어지지 않는 것이 없다고 할 것입니다." [전습록 상, 63조목]

동양사상에서는 지식을 연마하거나 어떤 사물을 인식하는 과정을 설명할 때 격물치지(格物致知)라는 말을 자주 사용한다. 청소년들에게 격물치지라는 용어가 생소할 수도 있을 것이다. 그러면 이 용어는 어디에서 비롯되었을까?

동양사상의 큰 줄기를 형성했던 성리학에는 양대 산맥의 학문 분파가 존재했다. 바로 주자학과 양명학이다. 그런데 이 두 학문의 경계를 구분 지을 수 있는 중요한 관건이 바로 격물치지라는 용어에 대한 해석이었다. 격물치지라는 말은 유학사상의 중요한 내용이 고스란히 담겨 있는 《대학》에 보이는 용어로 "사물[物]에 이르러[格] 앎[知]에 이른다[致]."라는 의미이다. 주희는 격물치지의 세세한 의미를 이렇게 정의한다. 사물에 나아가서 그 사물이 가지고 있는 이치를 속속들이 파고들어 깊게 연구하고, 이렇게 그 사물에 대한 이치를 하나씩 인식해 가는 과정을 끊임없이 연마하다 보면, 어느 일순간 활연 관통(豁然貫通, 환하게 통하여 도를 깨달음)하여 세상 이치까지도 통달할 수 있게 되는 것이 격물치지라고 말이다. 그러니까 주희가 세상을 깨닫는 경로는 '객관 세계에 대한 인식으로부터 주관 세계로 진입하는 방식을 취하는 것'이라 하겠다. 좀 난해한 말일 수 있으니 다음과 같은 예를 보자.

가령 여기에 고양이 한 마리가 있다고 하자. 주희의 학설에 따르면 고양이를 인식하는 방법은 다음과 같다. '사람에게는 선천적으로 비어 있는 것 같으면서도 알 수 있고, 또 깨달을 수 있으며 자각할 수 있는 것'이 있다. 즉, 사람은 허령지각(虛靈知覺)의 능력을 가지고 있다고 전제한다. 인간은 이러한 선천적인 지각 능력을 마음을 통해 발휘할 수 있기 때문에, 허령지각의 능력을 지닌 마음이 인식 활동을 시작하여 고양이에게 접근하게 된다. 이것을 격물이라 칭한다. 왜냐하면 고양이라는 사물[物]에 인간의 허령지각이 다가가기[格] 때문이다.

그런데 주자학에 따르면 이러한 격물의 과정은 고양이 한 마리를 통해서만 완성되는 것이 아니다. 아니 완성될 수도 없다. 고양이 한 마리를 통하여 고양이가 가지고 있는 모든 이치를 알 수 있는 것이 아니다. 따라서 우리 사람은 여러 고양이를 접해야만 한다. 그러니 격물은 반복 공부가 필요한 지난한 작업이다. 고양이 A는 쥐를 잘 잡는 이치를 가지고 있음을 알게 되고, 고양이 B는 성격이 온순하여 애완용으로 가능하다는 이치를 알게 되고, 고양이 C는 성격이 포악하여 집에서는 기를 수 없는 고양이임을 인식하게 된다. 다른 고양이들도 이런 식으로 알아 간다. 결국 A로부터 시작하여 수많은 고양이를 직접 인식하고 경험하게 되거나, 또는 고양이에 대한 이치를 알고자 수많은 도서를 탐독한 후에야 비로소 우리가 알고 있는 고양이라는 동물이 공통적으로 가지고 있는 이치를 알게 된다. 이것이 수많은 고양이에 접근하거나 고양이의 속성을 담아 놓은 서적들을 독서함으로써 비로소 활연 관통하여 고양이가 가지고 있는 이치를 알게 되는 과정이다. 고양이에게 접근하는 것을 '격물'이라 일컫고, 여러 마리의 고양이에게 접근하는 것과 고양이와 관련한 서적을 읽는 것은 격물을 무한대로 반복 작업하는 공부에 해당한다. 이러한 공부를 우리는 즉물궁리(卽物窮理)라고 표현한다. 즉, 사물[物]에 나아가[卽] 이치[理]를 궁리[窮]한다. 격물을 단계적으로 무한 반복하여 나의 허령지각이 완전한 앎에 도달하게 되는 활연 관통의 경지를 '치지'라고 한다. 즉 치지는 '앎[知]을 이루어 낸[致] 경지'다.

우리 인간이 허령지각으로 불리던 마음을 통하여 외부 사물—여기에서는 고양이가 해당되겠지만—의 이치를 터득해 나가거나, 또는 고양이에 대한 다양한 이론서들을 탐독하고 궁리하다 보면 고양이라는 존재의 이치를 통달하게 된다. 고양이에 대한 다양한 이치를 터득하는 일은 결국 고양이에 대해 정보를 알 수 있는 서적을 탐독한다든지, 아니면 고양이에 대한 다양한 경험 지식이 축적되어야 완성될 수 있다. 이러한 일련의 과정을 격물궁리(格物窮理)라고도 칭한다. 즉, 사물[物]에 이르러[格] 이치[理]를 속속들이 파고들어 깊게 연구[窮]한다는 것이다. 사물뿐만이 아니다. 효라는 실천 행위에 대해서도 마찬가지다. 인간은 선천적으로 부모를 사랑하고 어른을 공경할 줄 아는 허령지각의 능력을 소유한 존재다. 그런데 자식으로서 부모님께 어떻게 행동하는 것이 가장 바람직한 효도의 행위인지에 대해서는 여러 원리와 방법이 존재할 것이다. 주희의 논리대로라면 효행의 이치를 알고 행하는 과정은 다음과 같다.

효도의 이치는 효도를 행하려는 객관 대상인 부모에게서 비롯된다. 그러니 부모가 바라는 효도의 이치를 다양한 시각과 방법으로 차근차근 접근해야 한다. 주자학에서 사물의 이치[物理] 또는 일상의 이치[事理]를 인식하는 격물치지는 존재하고 있는 대상의 이치부터 찾아내야만 한다. 예컨대 경제적으로 궁핍한 생활을 하는 부모에게는 용돈을 드리는 것이 가장 적절한 효도의 이치가 될 수 있고, 집안에서 뛰어난 인재를 배출하지 못해 가슴을 졸이는 부모님께는 시험에 합격하여 훌륭한 관료로 나가는 것이 가장 큰 효도의 방법이 될 수 있다. 이외에도 《효경》이라는 서적을 읽은 뒤 다양한 효도의 이치[孝理]를 터득해 나감으로써 어느 순간 효도의 이치에 대해 통달하게 되는데, 이것이 곧 '사물에 나아가 그 이치를 알아낸다'는 것을 의미한다. 즉, 주희에게 앎이란 객관적인 사물 속에 존재하는 것이고, 객관 세계에 대한 인식이 곧 앎의 내용이자 본질인 셈이다. 이런 점에서 주희는 동양에서 최초로 객관 세계의 과학적 인식 방법론을 도입한 인물로 평가받기도 한다. 하지만 주희 철학에서 가장 큰 병폐는 도덕을 실천하기에 앞서 객관적 인식, 즉 지식을 습득하는 과정이 지극히 번거롭다는 데에 있다. 이는 주희가 지식을 얻는 과정이나 방법에 너무 갇혀 있음을 의미한다. 그는 공맹 이래로 전수되어 오던 인의예지(仁義禮智) 덕성을 철리(哲理)로서 규명하는 데에 온갖 역량을 쏟아부었다.

반면 왕수인은 객관 세계의 이치를 탐구하는 것은 도덕적인 삶을 완성하는 것과는 무관하며. 실천을 위한 지식과는 더더욱 무의미하다고 보았다. 지식이란 인간의 행위로 표출되었을 때만이 참다운 지식의 효과를 거두었다고 보았기 때문이다. 그래서 사람에게는 무엇보다도 선천적으로 내재된 본연의 마음속[德性], 즉 주관 세계를 올바르게 갖추는 것이 선결될 문제로 보았다. 자신의 마음을 갈고닦아 마치 거울처럼 깨끗하게 만든 뒤 객관 세계를 바라보면 이 세상에 밝게 비춰지지 않는 것이 무엇이겠느냐는 방식이다. 이것이 결국 주희와 왕수인을 구분 짓는 가장 명확한 경계선이자 분기점이 되었다. 왕수인의 인식론에 대해서는 다음 장에서 좀 더 상세히 알아보기로 한다.

인심과 도심은 모두 인간의 마음이다

서애가 여쭈었다.

"주자는 도심(道心)이라는 것이 자기 몸의 주인이고, 인심(人心)이라는 것은 항상 도심의 명령을 들어야만 한다고 했습니다. 그런데 선생님의 정일(精一)에 대한 설명과 비교해 본다면, 주자의 이 말과는 일치되지 않는 것 같습니다."

양명 선생께서 대답하셨다.

"그렇다. 선대 유학자였던 주희 선생과 내 생각은 다소 다르다. 인간의 마음이란 언제나 하나일 뿐이다. 그런데 주희 선생은 인간의 마음을 도심과 인심으로 둘로 나누어서 생각했다. 마음에 개인적인 욕심의 먹구름이 끼지 않은 상태를 도심이라고 한다면, 마음에 먹구름이 조금이라도 끼어 있을 때를 인심이라고 한다. 구름이 끼어 흐렸다가도 구름이 없어져서 맑아지면 깨끗한 도심이 되고, 구름 한 점 없이 깨끗하다가도 구름이 와서 흐려지면 인심이 될 뿐이다. 그러니 처음부터 인간의 마음이 두 개로 존재하는 것은 아니다.

주희 선생의 스승이신 정이천 선생이 말씀하시길 "인심은 인간의 욕심과 같고, 도심은 하늘의 이치와 같다."라고 했는데, 말로는 둘로 나뉘어 있는 듯 들리지만 실상 그 내막은 하나다. 다만 오늘날에 와서 마치 "도심은 주인이고 인심은 이러한 도심의 명령을 들어야만 한다."라는 것은 마음을 둘로 나누는 것과 같다. 인간의 마음속에 천리와 인욕이라는 두 영역이 어떻게 나뉘어 존재할 수 있다는 말인가? 천리와 같은 도심이 주인이 되고, 인욕과 같은 인심이 종이 되어 그 명령을 들어야만 한다는 말인가? [전습록 상, 10조목]

인심과 도심은 원래 《서경》이라는 유교 경전에 나오는 말인데, 송나라 때 성리학자들이 이 말을 중요한 개념으로 만들어 사용하기 시작하면서 유명세를 탔다고 볼 수 있다. 그들에게 있어 '도심'은 우주 만물의 이치와도 같은 참된 진리의 마음이고, '인심'은 사사로운 욕심이 조금이라도 섞여 있는 마음이라고 규정한다. 인간에게는 도심과 인심이라는 마음이 둘로 나뉘어 있는데, 도심이 강해지면 인심이 약해지고 반면에 인심이 강해지면 도심이 약해진다는 논리가 일반 주자학자들의 설명이다. 그러므로 그들은 도심을 가지고 인심을 통제함으로써 인간이 도덕적 삶을 영위해야 한다고 주장했다.

그러나 왕수인은 이 같은 주장에 대해 다른 의견을 제시했다. 인간의 마음은 본래부터 하나인데 마음을 어찌 도심과 인심의 두 영역으로 나눌 수 있겠느냐는 것이다. 물론 결과적으로 착한 마음과 나쁜 마음이 생겨날 수는 있겠지만, 처음부터 사람의 마음이 둘로 나뉘어 있다는 것에는 동의하지 않았다. 사람의 마음이 두 종류라면 원래부터 착한 마음이 많은 분량을 차지하는 착한 사람이 따로 있고, 원래부터 나쁜 마음의 분량이 많은 나쁜 사람이 따로 있다는 개연성도 배제할 수 없기 때문이다.

그러므로 왕수인은 사람의 마음이 본래 하나일 뿐인데, 다만 마음에 검은 먹구름이 끼면 인심이 되고 검은 먹구름이 걷히면 도심이 된다고 비유했다. 우리에게는 모두 태어날 때부터 '깨끗하고 본연의 착한 마음'이 있는데, 이것이 외부 사물이나 사건을 접하게 되면서부터 잠시 인위적인 욕심이 생겨날 때도 있다. 부인할 수 없는 사실이다. 이런 현상을 왕수인은 '구름이 끼었다.'라는 표현으로 대신했다. 그러나 하늘에 구름이 끼었다가도 어느 순간 구름이 지나가면 깨끗한 하늘을 바라볼 수 있는 것처럼, 사람 마음의 바탕은 원래 한 가지일 뿐이다. 하루 일상 속에서도 맑은 날씨를 보이다가도 흐린 날씨를 보이는 것일 뿐, 마치 태양이 창창하고 맑은 하늘이 한쪽에 있고, 지금이라도 소나기가 퍼부을 듯한 먹구름이 잔뜩 끼어 있는 하늘이 반대편에서 양립할 수 없음을 의미한다.

왕수인은 도심은 주인과 같고, 인심은 인욕과 사사로움이 깃든 노비와 같다고 분별하는 주자학자들의 이분법적 흑백 논리로는 결코 인간의 본모습을 설명할 수 없다고 보았다.

내 마음속에 있는 진솔함과 선함을 보라

정조삭(왕수인의 제자, 이름은 일초)이 여쭈었다.

"지극히 선함도 역시 사물과 외부의 사건에서 찾는 것이 마땅하지 않을까요?"

양명 선생이 말씀하셨다.

"지극히 선함은 내 마음속에 있는 것이지, 외부 사물이나 사건에서 이를 구할 수 있는 것은 아니다. 즉, 내 마음이 하늘의 이치와 순수하게 일치하면 되는 것이지 다른 것에서는 결코 구할 필요가 없다. 내 마음의 순수성과 성실성을 타고난 그 자체대로만 간직하고 있다면 무슨 어려움이 있겠느냐? 네가 생각하는 외부 사물이나 사건 속에서 지극한 선함을 찾아낼 수 있다는 예를 들어 보아라."

정조삭이 다시 여쭈었다.

"만약 부모님을 섬긴다고 한다면, 더울 때나 추울 때나 부모님께 좋은 음식과 좋은 옷으로 봉양해야 할 때마다 상황에 맞는 가장 좋은 방법을 찾아야 하지 않을까요? 이것이 바로 지극한 선이라 할 수 있습니다. 이런 까닭으로 우리는 진리에 대한 학문을 공부하고 그 옳고 그름의 사변(思辨)을 따지는 것이 아닐까요?"

양명 선생이 다시 대답하셨다.

"만일 효도라는 것이 추울 때에는 불을 때서 따뜻하게 해 드리고 더울 때에는 시원한 옷을 입혀 드리거나, 좋은 음식과 훌륭한 의복으로 부모님을 봉양하는 일이라고 생각한다면, 이러한 것들은 하루이틀 정도만 배워도 충분히 다할 수 있을 것이다. 이런 것들을 알기 위해 어찌 오랜 시간 동안 학문하고 사변한다고 말할 수 있겠느냐? 내 마음이 정말 순수하고, 하늘의 이치에 맞게 하면서 부모님께 따뜻하게 해 드리거나 시원하게 해 드릴 수 있어야 하며, 또한 좋은 음식과 훌륭한 의복으로 봉양하는 것 역시 이런 마음을 갖고 한다면 될 것이다. 이러한 일들은 공부한다든가 생각한다고 하여 얻을 수 있는 것이 아니다. 그래서 마음가짐이 중요하다는 것이다. 사물로서 비유한다면 처음에는 털 끝만큼의 차이를 보였는데, 나중에는 천 리(千里) 틈이 벌어지는 것과 같은 잘못을 면치 못하게 된다. 이런 까닭으로 옛 성현들께서는 오로지 마음을 정성스럽게 한결같이[精一] 하라고 가르쳐 주신 것이다." [전습록 상, 4조목]

《서경》에 오로지 한결같은 마음을 견지하라고 했다. 이때 마음이란 인간이 선천적으로 가지고 태어난 지극히 선한 마음이며, 그 어떤 것으로도 속일 수 없고 속여지지도 않는 지극히 착함이요 정성이 담긴 마음이라 하였다. 이러한 마음은 배움으로는 얻을 수 없는 인간 본연의 존재 이치이자 덕성이다. 맹자는 이러한 마음에 대하여 "배우지 않고도 행할 수 있는 인간의 능력을 양능(良能)이라 하며, 배우지 않고도 알 수 있음은 양지(良知)"가 있기 때문에 가능하다고 정의했다.

흔히 전통적으로 공맹유학에서는 부모님을 모실 때 '겨울철에 부모님을 따뜻하게 해 드리고 여름철에 부모님을 서늘하게 해 드려야 한다.'는 의미인 동온하청(冬溫夏淸)과, '저녁에는 잠자리를 보살펴 드리고 아침에는 편안하셨는지를 여쭙는다.'는 의미인 혼정신성(昏定晨省)을 필수라고 생각했다. 양명의 제자인 정조삭은 이 두 가지 경우를 일례로 들면서, 부모님이 평안하시다는 것은 배워서 알게 된 것이니, 효도의 이치는 결국 배우거나 독서를 통해 알게 되고 실천할 수 있는 것 아니냐고 의문을 표했다.

그러나 스승 왕수인은 입장이 달랐다. '마음가짐'이 중요하다는 것이다. 우리가 대부분 효를 다하지 못하는 이유는 몰라서가 아니라 진심으로 마음에서 우러나오지 않아서인 경우가 많다. 어떻게 해야 부모님이 가장 좋아하실 것인지에 대해서는, 사실 부모님에 대하여 진실된 마음과 관심만 있다면 금방이라도 알 수 있고 실천으로 옮길 수도 있을 것이다. 정조삭이 이야기한 동온하청과 혼정신성 같은 일상적인 행동은 모르고 있을지라도 금방 배울 수 있는 것이며, 근본적으로 중요하지 않다는 뜻이다. 만약 부모를 섬기는 데 동온하청과 혼정신성 같은 사소한 형식적인 행동을 보이는 것이 최고의 선함이라고 한다면, 그러한 일은 자식이 아니더라도 누구나 할 수 있는 행위에 불과하다. 즉 내가 아니어도, 또는 나의 진심이 아니더라도 부모를 잘 받들어 모실 수 있는 행위는 누구나 가능하지 않겠느냐는 것이다. 또한 이러한 경우 부모에게 효성을 다했다고 감히 자신할 수 있겠느냐는 것이다. 따라서 가장 중요한 것은 부모에 대한 나의 마음가짐이며, 사물과 객관적인 외부 세계 속에서 행해지는 구체적인 표현들은 그다음 문제에 불과한 셈이다.

우리가 오랜 시간 동안 수양하고 공부하는 목적은 효도를 행동으로 표출하기 위하여 효에 관한 이치를 암기하고 배우는 것이 아니라, 태어날 때부터 선천적으로 가지고 있는 순수 본연의 마음을 찾기 위한 것이다. 부모에 대한 효도뿐만 아니라 모든 인간관계에서 가장 중요한 것은, 내 마음이 가지고 있는 '순수하고 지극히 착한 마음'과 '정성'에 있다.

예를 들어 부부가 결혼해 살아갈 때도 서로 간에 마음이 통하는 것이 가장 중요하지, 재산이나 다른 외부 조건이 중요하지는 않을 것이다. 이는 비단 부부 문제에서뿐만이 아니다. 부모와 자식 사이, 직장 상사와 부하의 사이, 친구와 친구 사이에서도 모두 마찬가지다. 무엇보다도 마음이 통하는 것이 가장 우선되어야 한다. 그 밖의 것은 사실 크게 문제 되지 않는다. 그래서 우리는 사람을 한자로 표현할 때 '인(人)'이라고만 쓰지 않고 여기에 한자 하나를 더 붙여 쓰는데, 그것은 관계를 의미하는 '간(間)'이다. 사람은 본래 혼자서는 삶을 영위할 수 없는 존재며, 사회적 동물로서 서로 관계를 유지하면서 살아간다. 그리고 이런 사회적 관계를 가장 잘 유지하는 힘은 나와 타자의 상호 존중과 이해다. 달리 말하면 내 마음속의 순수한 이치가 다른 사람의 마음에 내재한 진정성과 동일하다는 상호 존중과 이해가 있다면 인간 사회는 저절로 밝아진다는 말이다.

양지, 그 보편타당한 준칙

"옳고 그름을 헤아리는 마음을 시비지심(是非之心)이라고 한다. 시비지심은 생각하지 않아도 알게 하고 배우지 않아도 능히 할 수 있게 하니 이것이 이른바 양지(良知)라는 것이다.

양지가 사람의 마음에 있다는 점에서는 요순과 같은 성현이나 필부와 같은 범인이나 모두 차이가 전혀 없다. 온 천하에 옛날부터 지금에 이르기까지 같은 논리다. 이 세상에 성인군자라고 불리는 사람들은 단지 그 자신의 양지를 미루어 힘쓰는 데에 온갖 정성을 다했기 때문에 옳고 그름을 공정하게 할 수 있고, 좋아하고 싫어함을 변함없이 마음 작용에 따라 행할 수 있을 뿐이다." [전습록 중, 179조목]

맹자는 인간에게 태어나면서부터 '배우지 않아도 알 수 있는 능력'이 있고 '경험하지 않아도 실천할 수 있는 능력'이 있다고 했는데, 그것이 이른바 양지와 양능이었다. 양지는 인간 개개인마다 마음[心] 안에 주체적으로 내재되어 개인적 형식을 띠지만, 보편적인 내용과 준칙을 가지고 있는 것이기도 하다. 이 보편적인 내용과 준칙에 의해 양지는 '자기 마음'의 주관적 한계를 넘어 공정한 시비의 표준이 될 수 있다.

"옳고 그름을 공정하게 할 수 있고 좋아하고 싫어하는 것을 변함없이 행할 수 있다."라는 것은 인간이 바로 '양지'를 준칙으로 삼아 시비선악에 대한 보편적 판단이 가능하다는 의미이다. 그러나 이러한 보편타당한 준칙 기능을 가지려면 양지가 천하와 고금에 동일하다는 것을 반드시 전제하였을 때만 가능하다. 어찌 보면 왕수인이 말하는 양지는 옳고 그름을 공정하게 평가하는 준칙임과 동시에 자연법칙과도 상통하는 부분이 있다. 그러니 한 개인의 견해로써 옳고 그름을 저울질하는 것이 아니라 옳고 그름에 대한 보편타당한 준칙이라는 차원에서 양지를 통해 도덕행위를 판단한다는 것은, 도덕법칙의 보편성을 인간 내면에서 찾은 칸트의 도덕적 주관주의와도 일맥상통하는 바가 있다.

내 마음속 의지부터 세워라

"의지[志]를 세우지 않으면 천하에 이뤄 낼 수 있는 일이라곤 없다. 비록 백공의 기술을 가졌더라도 의지에 근본을 두지 않은 적이 단 한 번도 없다. 지금의 학자들이 학업을 팽개치고 나태한 태도를 보이면서 성취하려는 바가 아무것도 없는 이유는 모두 의지를 세우지 않았기 때문이다. 그러므로 의지를 세움으로써 성인은 성인이 될 수 있고, 현자는 현인이 될 수 있다. 의지가 서지 않았다면 마치 조타수 없는 배이거나 재갈 없는 말과 같으니, 이리저리 날뛰기만 할 뿐 어디로 향하겠는가?" [왕양명 전집 권26, 〈교조시용장제생〉 중 '입지']

왕수인이 말하려는 '의지[志]'는 인간 내면 깊은 곳에 숨어 있는 마음의 방향타와 행위의 견고함을 가리킨다. 대개 '의지'라고 말하면 전자의 경우로만 보는 경우가 많으나, 마음의 방향타를 지칭하는 뜻 외에도 행위의 견고함까지를 반드시 포함해서 언급해야 함을 잊어서는 안 된다. 내 마음의 방향이 확고하게 자리 잡은 후 표출되는 행동은 쉽게 허물어지거나 변모되어서는 안 되기 때문이다.

여기에서 말하는 '지'에는 의지를 세움으로써 구체적인 목표를 확정하는 것이 포함된다. 구체적인 목표는 마치 배에서는 방향타나 조타수와 같은 것으로, 자신이 나아가야 할 삶에 대한 방향성을 부여한다는 것을 의미한다. 만약 자신의 인생에 의지가 자리하지 못하거나 확고하게 서 있지 못한다면 그 결과는 불 보듯 뻔하며, 아무것도 이뤄 낼 수 없다. 무조건 열심히 한다고 해서 좋은 성과가 나오는 것이 아니다. 확고한 목표 없이 그저 성실하게 열심히 하는 것은, 왕수인의 표현에 따르면 "재갈 없는 말처럼 이리저리 날뛰기만 하는 것"과 무엇이 다르겠는가?

백공(百工)이란 온갖 종류의 기술을 소유한 장인들을 뜻한다. 기술자들이 기술을 익힐 때에도 분명한 목표 의식이 있어야 그 기술의 작품이 생산될 수 있다. 하다못해 컴퓨터나 운전을 배울 때에도 분명한 목표 의식 없이 그저 주변에서 온갖 장치만 이리저리 만져 본다면, 결국 이도저도 아닌 혼란에 빠져 버리기 쉽다. 하물며 성인이 되기 위한 공부는 더 말할 필요도 없을 것이다.

내 마음의 주재를 찾아라

숭일(왕수인의 제자, 이름은 구양덕)이 물었다.

"저는 보통 때에는 늘 마음이 바쁩니다. 무슨 일이 있을 때에도 바쁘지만, 아무 일이 없을 때에도 마찬가지로 마음은 분주합니다. 어떻게 해야 좋을까요?"

양명 선생이 말씀하셨다.

"천지(天地)라고 하는 것은 원래 계속 움직이고 있으며 한 번도 멈춰서 쉬는 법이 없다. 그러나 변하지 않는 것도 있으니, 이것을 주재(主宰)라고 한다. 주재라는 것은 앞도 없고 뒤도 없으며, 급한 것도 없고 느린 것도 없다. 비록 수천수만 가지로 변화하면서도 주재는 항상 중심을 잡고 일정하다.

사람도 역시 이러한 주재를 가지고 살아간다. 만약 주재가 중심을 잡고 있을 때에는 자연의 운행과 마찬가지로 끊임없이 변화하며, 쉬지 않고 수만 가지로 변화를 일으키더라도 항상 넉넉하고 여유 있게 된다." [전습록 상, 105조목]

숭일이라는 제자는 가만히 자신의 마음을 살펴보고 어느 정도 통찰했던 모양이다. 그런데 한순간도 고요하고 편안한 날이 없이 늘 안절부절 못하며 걱정이 태산이었다. 남과 비교하며 우월감과 열등감에 시달리다가 불안한 자신의 마음 상태를 관찰한 후에 스승에게 질문했다. 해야 할 일이 있을 때에만 마음이 조급하고 바쁜 것이 아니라, 아무 일이 없을 때에도 마음이 늘 번거롭고 분주하니 어떻게 하면 좋을지 질문했다. 실제로 우리는 걱정하는 일 가운데 십 분의 일도 발생하지 않는데도 쓸데없는 기우(杞憂)를 한다. 또는 남과 비교를 하며 열등감을 느끼거나 우쭐해하며, 또 어떤 경우에는 불안과 조급함을 느끼기도 한다. 때로는 분노하며 마음의 평화를 놓치며 살아가는 우리네 모습은 거의 대동소이하다. 이에 대해 양명은 변하지 않는 '마음의 중심'을 잡으라고 독려한다. 그것을 달리 표현한 것이 '주재'이다. 천지라는 자연세계 역시 항상 운동하며 변화하지만, 변하지 않는 중심도 있다면서 그것을 주재라 이름 지어 준다. 마찬가지로 사람의 마음속에서도 이 중심을 잡으면 아무리 외부 일들이 급격한 변화를 일으킬지라도 나의 마음은 늘 편안하고 고요함을 유지할 수 있다는 것이다.

내 마음속에 중심을 잡으려면 먼저 내 속에서 가장 깊숙이 있는 참된 마음을 만나야 한다. 그래서 그 참된 본래 마음을 확실히 알고 붙잡았을 때, 수많은 외부 변화나 감정 변화가 닥쳐오더라도 나는 중심을 잃지 않고 평안할 수 있을 것이다. 따라서 내가 그러한 나의 주재를 제대로 붙잡으면 나 스스로 만들어 낸 내 감정과 생각, 그리고 마음의 변화에 흔들리지 않게 될 수 있다. 결국 내 마음의 주재를 잡으라는 것은 맹자가 언급한 부동심(不動心)의 경지에 이르는 방법과 같다. 그 방법은 지언(知言)과 양기(養氣)로 일축된다. 사실 지언은 '말을 안다'는 것으로서, 맹자와 공손추 사이의 문답에 상세하게 서술되어 있다. 그 핵심만을 말하자면, 인간이 내뱉는 말 속에는 이미 사람의 마음이 담겨 있기 때문에 사람의 말을 통하여 그 사람의 심지(心地)가 어떠한지를 단번에 간파할 수 있다는 것이다. 맹자의 논적이었던 고자(告子) 역시 사람이 외부로 표현하는 말과 사람의 내면세계에 해당하는 마음은 별개의 것이라고 주장하였는데, 맹자는 이를 완강히 거부한다. 맹자의 반대 논리는 이렇다. "어떤 사람이 편벽되거나 치우쳐 있는 견해를 말로 표현하면 그 사람의 마음은 이미 무엇인가에 가려져 있음을 알 수 있고, 어떤 사람이 방탕한 말을 내뱉으면 그 사람의 마음은 이미 음란한 함정에 빠져 있음을 알 수 있고, 어떤 사람이 간사한 말을 내뱉으면 그 사람의 마음은 이미 도리에 어긋난 사악함이 숨어 있음을 알 수 있고, 어떤 사람이 핑계 대는 말을 내놓는다면 그 사람의 마음은 이미 궁핍하여 회피하려는 이유가 숨어 있음을 알 수 있다."라는 것이다.

그러니 사람은 그 말이라는 언행 속에 이미 마음이 드러나고 있기 때문에, 마음속의 주재를 굳건히 지켜야 함을 강조한다. 왕양명이 숭일이라는 제자에게 언급한 것도 맹자의 지언(知言)과 대동소이하다. 그리고 맹자는 이러한 지언의 역량을 키우기 위해서는 양기(養氣), 즉 '기운을 길러야 한다'라고 했는데, 여기에서의 기운이란 호연지기(浩然之氣)를 의미한다. 호연지기는 사방에 충만되어 있는 넓고 올곧은 기운이다. 맹자와 왕양명은 이 모두가 사람의 마음속에서 언제나 육성과 성장이 가능한 것으로 보았다. 따라서 온갖 외부세계의 변화에도 흔들리지 않도록 내 마음의 주재가 자리 잡고 있도록 독려하였다. 그것은 결국 양지이며, 이 양지의 올곧음은 '정의로움[義]의 축적[集]'을 통해 가능한 것이고, 이를 집의(集義)라고 이름하였다.

'하지 않음'과 '할 수 없음'은 마찬가지이다

서애가 물었다.

"'최고로 지혜로운 사람과 최하로 어리석은 사람은 도저히 고칠 수 없다.'라는 말이 있는데, 이 말은 무슨 뜻입니까?"

양명 선생이 말씀하셨다.

"고쳐질 수 없는 것이 아니라, 다만 고치려고 하지 않는 것이다."

[전습록 상, 110조목]

수제자인 서애가 질문한 이 말은 《논어》 〈양화(陽貨)〉 편에 나오는 경문이기도 하다. 최고로 지혜로운 사람을 상지(上智)라 하고 가장 어리석은 사람을 하우(下愚)라고 하여, 인간의 지적 능력을 상하로 나누어 이야기해 놓은 곳이다. 이후의 학자들은 이런 생각을 더 발전시켜 인간의 본성이나 능력에 따라 '태어날 때부터 완벽할 정도로 천재적인 사람', '보통 사람', '아예 어떤 가능성이나 희망도 보이지 않는 사람'으로 구별해 설명하곤 했다. 가령 공자 같은 성인은 최상의 단계에 해당할 수 있고, 전혀 희망이 없어 보이는 사이코패스와 같은 사람을 최하의 단계로 설정할 수도 있을 것이다. 그러나 사실 유교철학에서는 태어날 때부터 유전적으로 결코 착한 사람이라 할 수 없는 사이코패스를 인정하지 않는다. 인간이라면 누구나 착한 본성을 가지고 있어, 그것을 잘 보존하고 길러 나가면 위대한 성인이 될 수 있다고 희망하기 때문이다.

왕수인 역시 이런 생각을 가지고 있었기 때문에, 《논어》의 이 구절에 대해서도 새롭게 해석했다. 최고 등급인 사람과 최하 등급인 사람 간의 자질이 바뀔 수 없다는 말이 아니라, 가장 어리석다고 하는 사람들은 스스로 자신을 고쳐 나갈 마음을 갖고 있지 않아서 그렇다고 보았다. 다시 말해 가장 바보 같은 사람이란 모든 것을 남의 탓으로 돌리며 늘 불평불만과 원망 속에서 스스로를 미워하고, 공부를 게을리하면서 자포자기만 할 뿐 발전하고자 하는 그 어떤 의지 자체가 없는 사람이다. 그러니 아무리 어리석은 사람일지라도 자신에게 얼마나 훌륭하고 소중한 마음이 있는지를 깨닫고, 그런 상지의 사람으로 변화하려고 노력하면 얼마든지 변모될 수 있음을 강조하였다.

어린아이 같은 활발한 생명력을 믿다

"대체로 어린아이들은 자유롭게 놀기를 좋아하고 구속을 싫어하는
심정을 갖고 있다. 초목이 처음 눈망울을 터뜨릴 때 그대로 자유롭게
뻗어 나가도록 하면 쭉쭉 자라나지만, 방해하거나 구부려 놓으면 기
운이 시들어 버리는 것과 같다. 따라서 어린아이들을 교육할 때 반드
시 그 나아가려는 방향을 북돋아 주고 마음을 기쁘게 해 주면, 그 뻗
어 나가는 것이 저절로 멈출 수 없을 정도다. 때에 맞춰 내리는 비와
봄바람이 초목을 촉촉이 적시며 살랑거리면 싹을 틔워 기운차게 뻗어
나가 자연히 날마다 달마다 성장해 가지만, 만약 갑자기 찬 기운이 들
어 얼음이 얼고 서리가 내리면 생기가 쇠퇴해 나날이 말라 가는 것과
같다." [전습록 중, 195조목]

왕수인은 어린아이에 대해 무한 신뢰를 보이며 긍정하는 마음을
드러내고 표현하였다. 어린아이는 본래 가지고 있는 자신의 그대로
의 모습에 대하여 심사숙고하는 경향이 낮다. 혹 어떤 어린아이가 무
례한 행동을 보인다면 누군가는 '예의가 없고 거친 아이'라 평가할 수

있겠지만, 누군가는 '활발하고 생명력이 넘치고 사랑스럽다'라고도 볼 수 있다. 왕수인은 후자와 같이 긍정적 견해를 보이는데, 이는 유교의 성선설과도 무관하지 않다. '인간은 태어나면서부터 본래 성품이 착하다.'라고 보는 것이 성선설이고, '인간은 태어나면서부터 본래 성질이 이기적이고 난폭하고 악하다.'라고 보는 것이 성악설이다. 이 세상이 평화로우려면 성선설에서는 타고난 착한 본성을 잘 길러 나가면 된다고 보지만, 성악설에서는 타고난 나쁜 본성을 잘 이끌고 올바르게 고쳐 주어야 한다고 본다.

기본적으로 유교철학은 성선설을 지지하는 입장이다. 물론 순자와 같은 경우에는 성악설을 주장했지만, 유교의 주류는 성선설을 지지했으며 왕수인 역시 성선설에 기반을 두었다. 성선설을 주장하는 경우 갓 태어난 아기는 타고난 순수한 착한 본성을 어른보다 더 많이 간직하고 있으니 어린아이일수록 순수하고 착할 가능성이 높으며, 사회생활을 하면서 닳고 닳은 어른일수록 이기적이고 사악할 가능성이 높다고 인지한다. 반면 성악설에 따르면, 갓 태어난 아기는 동물과 마찬가지로 생존 본능만 있어 이기적이고 난폭하며 남을 배려할 줄 모른다. 그러나 사회생활을 영위하는 가운데 사회적 질서인 예와 규범의식인 법을 준수하면서부터 타인을 대하는 태도, 예절, 법률 등을 알게 되어 비로소 문화를 배우고 인간다운 인간으로 성장할 수 있다고 파악한다.

현재 우리가 많이 접하는 근대 서양 문화에서는 성악설에 치우치는 경향이 강하다. 그러나 왕수인은 인간이라면 누구나 태어날 때부터 본래부터 알고 있는 양지가 있다고 보았으며, 이 양지를 잘 보존하고 발휘할수록 착하고 훌륭한 사람이 될 수 있다고 생각했다. 양지란 '참된 마음'을 의미하는데, 내가 본래부터 지닌 참됨이란 나와 남이 둘이 아니라는 사실에 기반한 것이다. 남이 행복해야 나도 행복하고, 남이 속상하면 나도 속상하며, 더 나아가 나와 세상 모든 존재가 결국은 하나라는 것을 내가 원래부터 알고 있었다는 것이다. 이렇게 원래부터 알고 있던 참된 마음이란 '인간 본연의 진실한 마음'이며, 인간의 '양심'과도 같다. 그런데 우리는 끊임없는 생존경쟁 속에서 바쁘게 살아가느라 우리의 참된 양지를 잊어버리거나 내팽개쳐 버리기 쉽다.

따라서 다 큰 어른보다는 어린아이에게 양지라는 참된 앎이 상대적으로 더 많이 남아 있을 수 있다는 것이다. 양지는 살아 있는 것을 살려 주기 좋아하는 '생명력'으로 나타나기도 한다. 세상 만물이 다치거나 죽지 않고 무럭무럭 건강하게 살아가는 모습은 누구에게나 즐겁고 보기 좋다. 왕수인은 어린아이에게서 이런 생명력을 발견했고 성선설의 입장에서 어린아이의 생명력을 긍정적으로 바라봤다. 왕수인 사후 명나라 말기에 등장했던 이탁오의 동심설(童心說)도 이와 무관하지는 않다. 동심설의 핵심은 어린아이의 마음이 바로 진실한 마음이라는 것이다. 그는 사람이 만약 어린아이의 마음으로 돌아갈 수 없다면 진실한 마음을 가질 수 없다고 했다. 어린아이의 마음이야말로 거짓과 위선을 잘라 낸 순진무구한 본심임을 강조한다. 순진하며 무구(無垢)하다는 것, 즉 티끌조차 없는 마음이 진심이고, 이 진심이 사라지면 참다운 인간성도 잃게 된다고 했다.

외우지 말고 마음속에서 깨닫고 이해하라

어떤 제자가 물었다.

"저는 아무리 책을 봐도, 이것을 그대로 외우기가 힘들던데요. 어찌하면 좋겠습니까?"

양명 선생이 말씀하셨다.

"이해할 수 있으면 그만이지, 어찌하여 꼭 외워야만 하는가? 그렇다고 하여 이해만 한다고 되는 법도 아니다. 자신의 본체(本體)를 분명히 아는 것이 중요하다. 만약 단지 기억만 하고 있다면 이것은 제대로 이해하지 못한 것이라 할 수 있고, 단지 이해만 하고 있다면 스스로 본체가 무엇인지를 명확히 알지 못하는 것이다." [전습록 하, 52조목]

오늘날 흔히 우리가 생각하는 공부는 이성적 뇌에 저장해 놓는 지적 영역에만 치우쳤기 때문에, 암기력이나 기억력을 중시하고 또 암기력과 기억력이 좋은 사람을 우등생이라고 인정한다. 여기에서 조금 더 진보한 가치관이라고 한다면, 암기력에 기반하여 이해력과 응용력을 보태는 정도에 그칠 뿐이다.

하지만 왕수인이 생각하는 진정한 공부는 외우기보다 책 내용을 먼저 이해하는 것이 우선이었고, 내용을 이해했다고 할지라도 그 이해가 머릿속에서만 그쳐서는 안 됨을 강조한다. 즉 책에서 이해한 것을 자신의 진실한 본연의 마음[양지]에서 다시 확인시켜 놓음으로써, 마음의 본체에 대한 이해를 명확히 해야 비로소 진정한 공부라고 인정하였다. 그러니 양명학은 '머리'로 하는 것이 아니라, '마음'으로 자각하는 공부가 진정한 앎이라고 여긴 것이다.

그런데 이것은 일찍이 《논어》에 공자가 언급한 내용이다. 공자께서 말씀하시길 "젊은이들이여, 집에 들어가면 효를 다하고 집 밖으로 나오면 공경을 다하고, 말을 삼가며 믿음을 줄 것이며, 널리 사람들을 사랑하되 어진 사람을 가까이 하라. 이렇게 행동하고도 남는 힘이 있거든[行有餘力] 글을 배우라[學文]."라고 했다. 맨 끝부분의 '글을 배우라'라는 것은 이론 지식의 습득을 일컫는 말로서, 이 앞의 여러 행위들을 모두 실천한 후에 학문을 하여도 무방하다는 의미다.

그런데 여기에서 또 간과할 수 없는 부분이 있다. 우리가 일상에서 흔히 말하는 학문은 두 가지 표기로 사용되는데, 첫째는 '글을 배우다'라는 의미의 학문(學文)이고 둘째는 '묻고 배우다'라는 학문(學問)이다. 전자는 글을 배우는 이론 공부이고, 후자는 직접 행동으로 보여 주는 배움을 뜻한다. 우리나라 학부모들은 어린 자식이 학교에 다녀오면 "오늘 학교에서 무엇을 배웠느냐?" 또는 "선생님 말씀은 잘

들었느냐?"며 확인한다. 그런데 유태인의 학부모들은 자녀가 학교에서 공부를 마치고 귀가하면 "오늘 선생님에게 무엇을 질문했느냐?"라고 확인한다. 여기에서 이들 둘의 차이점은 무엇인가? 수동적 자세로 지식을 외우는 앎보다, 직접 나에게 반문하고 남에게 물어 가며 자신의 것으로 만드는 공부를 진정한 앎이라고 여긴다는 것이다. 이야말로 공자와 왕수인이 강조한 반(反)주지주의 정서에 입각한 학문관일 것이다.

환언하면, '진정한 지식' 또는 '참된 앎'이란 자신의 마음속에 내재된 참된 본체를 분명히 자각해 낼 때 가능하다는 점이다. 이를 이뤄 내지 못한다면 아무리 훌륭한 책을 암송하거나 위인전을 읽더라도 헛수고에 그칠 뿐, 참된 공부로 인정받기 어렵다. 즉 공부의 목적이 단순히 지식의 이해나 암기에 있는 것이 아니라, 내 마음 깊은 곳의 진실함을 깨닫고 터득하는 데에 있음을 명심하라는 의미이다.

다른 사람들이 나를 알아주지 않아도
화내지 않는다

서애가 물었다.

"숙손무숙이라는 사람이 공자를 비방했는데, 공자와 같은 위대한 성인이 어떻게 남에게 비난을 받게 되었습니까?"

양명 선생이 말씀하셨다.

"비난이라는 것은 남들이 하는 것이다. 성인인들 어떻게 그것을 면하겠는가? 사람은 언제나 자신을 완성해 나갈 뿐이다. 자기 자신이 진실하고 올곧게 살아가면 그 사람이 곧 성현이다. 다른 사람들이 그 사람에 대해 아무리 이러쿵저러쿵해도 거기에 대해 관심을 가질 필요가 없다. 떠도는 구름이 잠시 해를 가리지만, 그렇다고 해가 없어지겠는가? (중략) 칭찬을 하건 욕을 하건 그것은 나와는 상관없이 외부로부터 들려오는 것에 불과하다. 그것을 피하려 하지 않고, 다만 스스로 자신만을 닦아 나갈 뿐이다." [전습록 하, 55조목]

성인이라고 해서 외부로부터 들려오는 비난을 피할 수는 없다. 인간은 누구나 타인들로부터 악의적 성격이 강한 평가나 비방으로부터 자유롭지 못하다. 요즘처럼 인터넷과 SNS가 발달한 문명사회를 살아가는 우리네 사람들에게는 피할 수 없는 운명이다. 다만 성인이 이러한 외부의 비난이나 비방들로부터 자유로울 수 있는 까닭은, 외부 비난에 상관하지 않고 단지 꾸준히 성장하고자 노력하며 마음가짐을 의연히 지켜 나가기 때문이다. 뜻하지 않은 일로 우연히 칭찬받을 수도 있고, 반대로 억울한 비난을 피하지 못할 수도 있다. 그러나 그러한 상황이 성인에게는 중요한 관심거리조차 될 수 없으며, 되지도 못한다. 타인의 시선보다, 내가 본래 타고나 간직하고 있는 진실한 '양지'를 놓치지 않는 것이 훨씬 더 중요하고 절실한 과제이기 때문이다.

그러므로 성인은 굳이 남의 평가를 피하려고 몸부림치거나 남의 오해를 바로잡으려고 마음 상해 하지 않고, 태연하게 자신의 길을 걸어갈 뿐이다.

자신에게 잘못이 있다면 고치기를
꺼려 하지 마라

"사람들은 잘못하면, 그 잘못에 대해서만 자꾸 신경을 쓴다. 이것은
마치 깨진 항아리를 붙이는 꼴이나 마찬가지이다. 그것은 자기 잘못을
변명하려는 것일 뿐, 그 이상도 그 이하도 아니다." [전습록 하, 100조목]

여기서의 주제는 자신의 실패나 실수, 시행착오에 지나치게 집착
하는 태도를 버리라는 것이다. 그렇다고 자기 잘못을 인정하지 않거
나 또는 금방 잊어버리고 슬그머니 넘어가는 뻔뻔함을 긍정하는 것
은 결코 아니다. 잘못을 인정하지 않는 것은 깨진 항아리를 놓고 깨
지지 않았다고 억지로 우기는 것이나 마찬가지다. 즉 깨진 항아리에
대하여 자신의 잘못을 인정하고, 깨졌다는 결과물에 대해서도 당당
하게 책임을 지고 넘어가야 한다. 이미 저질러 버린 실수나 잘못을
붙잡고 '잘할 수 있었는데', '항아리를 안 깰 수도 있었는데'라고 생각
하는 것은 변명에 불과하다.

다시 말하면 이러한 행위 이면에 '나는 원래 그런 실수를 하는 사
람이 아닌데……'라는 자기방어와 자기 합리화가 숨어 있다. 따라서

'나는 이런 사람'이라는 자기 규정부터 문제가 있음을 간과해서는 안 된다. 나는 때로는 훌륭하게 성공할 수도 있지만 때로는 비참하게 실패할 수도 있다는 사실을 인정하고, 성공하건 실패하건 '나'라는 존재가 그로 인해 더 훌륭해지거나 더 비참해지지 않는다는 사실을 알아야 한다. 내가 참된 나를 찾으려고 할 때 내가 한 일의 성공이나 실패, 나의 훌륭한 점이나 결함에서 그것을 찾으려고 아무리 애를 써도 찾을 수 없다. 외적으로 드러난 나의 모습이 내가 지닌 참모습과는 다를 수 있기 때문이다. 진실한 내 모습을 찾으려면 내 마음 깊숙이 들어가 본래부터 지닌 나의 양지를 만나야 한다는 것이 왕수인의 생각이다. 그러므로 왕수인은 겉으로 드러난 성공이나 실패에 연연하지 말고 빨리 자신의 진실한 모습인 양지를 터득하라고 권하고 있다.

사실 왕수인이 한 말은 《논어》에서 공자가 했던 말을 확장한 것이다. "잘못이 있거든 고치는 것을 꺼려 하지 마라."라는 공자의 말이 그것이다. 자신이 저지른 잘못에 대해 용서받으려고 변명하기보다 스스로의 과오를 인정하고 스스로 고쳐 나갈 수 있는 인간의 자발적 능동성을 고취한 표현이라 하겠다. 이러한 인간이야말로 신(神)에 귀의하지 않으며, 실존적 존재임을 자각할 수 있다.

마음을 한결같이 하며 살피고 공경하라

양명 선생께서 말씀하셨다.

"무엇을 어떻게 하는 것이 경(敬)인지 말해 보게."

양일부(왕양명의 제자, 이름은 양작)가 대답했다.

"단지 '마음을 하나로 집중하는 것[主一]'입니다."

양명 선생께서 말씀하셨다.

"어떻게 하는 것이 마음을 하나로 집중하는 것인가?"

양일부가 대답했다.

"독서를 할 때에는 온 마음을 독서에 쏟고, 일할 때에는 온 마음을 그 일에 쏟는 것입니다."

양명 선생께서 말씀하셨다.

"그렇다면 술을 마실 때에는 온 마음을 술을 마시는 것에 쏟아야 하고, 여색을 좋아할 때에는 온 마음을 여색을 좋아하는 데에 쏟아야 한다. 이것은 오히려 '마음이 외부의 사물을 따라가 휩쓸리는 것[隨物]'인데, 이렇게 해서야 어떻게 경에 머무는 공부를 이룰 수 있겠는가?"

양일부가 가르침을 청하니, 양명 선생이 말씀하셨다.

"'하나[一者]'라는 것은 하늘의 이치를 두고 하는 말이다. '마음을 하나로 집중하는 것[主一]'은 온 마음을 하늘의 이치에 두는 것이다. 만일 단지 마음을 하나로 집중하는 것만을 알고 그 하나가 하늘의 이치임을 모르면, 실제로 여러 상황을 만났을 때 바로 외부 사물에 마음을 빼앗겨 버리게 되고, 아무런 일도 일어나지 않았을 때에는 마음이 허공 속에 빠지게 된다. 일이 있을 때건 일이 없을 때건 온 마음을 오로지 하늘의 이치에 두도록 공부해야 한다." [전습록 상, 118조목]

유교에서는 마음을 수양하는 방법으로 '경(敬)'을 강조한다. 여기에서의 '경'은 '공경하다' 또는 '존경하다'라는 뜻이 아니라 '어느 한곳에 온 마음을 집중하고 흐트러지지 않는 모습'을 의미한다. 성리학에서 사용하는 주요 개념인 셈이다. 그래서 경의 상태를 유지하는 거경(居敬)과 그 거경의 이치를 탐색하는 궁리(窮理)를 수양 공부의 중요한 축으로 보았다. 위 본문의 이야기는 '거경'에 대한 왕수인의 견해라 할 수 있다.

본래 왕수인 이전의 유학자들은 대부분 경을 '마음을 하나로 집중하는 것'이라고 풀이한 바 있다. 왕수인의 제자인 양일부도 이러한 해석에 입각하여 질의하였다. 그런데 왕수인은 여기에서 그 '하나'가 무엇인지 캐물으며, 당시 일반적으로 생각하는 '일상생활 속에서의 집중'이 아니라 '하늘의 이치'에 대한 집중이어야 한다고 바로잡아 주었다. 양명에게 하늘의 이치란 '본래부터 타고난 참된 앎'인데, 이는 내 마음속의 양지를 의미한다. 내가 현재 경험하고 있는 일상생활 자체에 집중하는 것은 그 상황에 끌려가는 것일 뿐 진정한 의미의 경이 아니다. 먼저 내 마음의 참된 구심점이라 할 수 있는 양지를 터득하고, 일상의 다양한 생활을 경험하는 순간마다 '내 마음의 본체'에 대해 끊임없이 집중해야 함을 강조한다.

경이란 본래 '공경하다'라는 뜻으로, 보통은 남을 함부로 대하지 않고 조심스럽고 소중하게 대한다는 의미에서 상대방을 위하는 대타적(代他的) 개념이라 생각하기 쉽다. 그러나 양명은 경이 나 자신의 마음속에 있는 양지에 대하여 대자적(代自的) 깨달음임을 강조한다. 먼저 내 마음에 대해 함부로 대하지 않고 신중하게 잘 보살펴야 한다. 유교철학에서는 자기 마음을 잘 보살피지 않고 함부로 학대하거나 자포자기하는 것을 상당히 경계한다.

물론 스스로의 마음을 조심스럽게 대하고 보살핀다는 것은 일상생활에서 내 마음이 경험하는 모든 일들에 대해서도 그러한 모습으로 대한다는 것을 뜻한다. 그러므로 결과적으로는 우리가 일상생활에서 만나는 모든 사람, 사건, 경험에 대해 함부로 대하지 않고 신중을 기할 수밖에 없다. 그런데 이러한 내적 과정을 무시하고 단순히 다른 사람이나 외부에서 벌어지는 다른 사건에 대해 집중하는 것이라고 생각한다면 잘못이라고 양명은 지적한다.

2장

지행합일

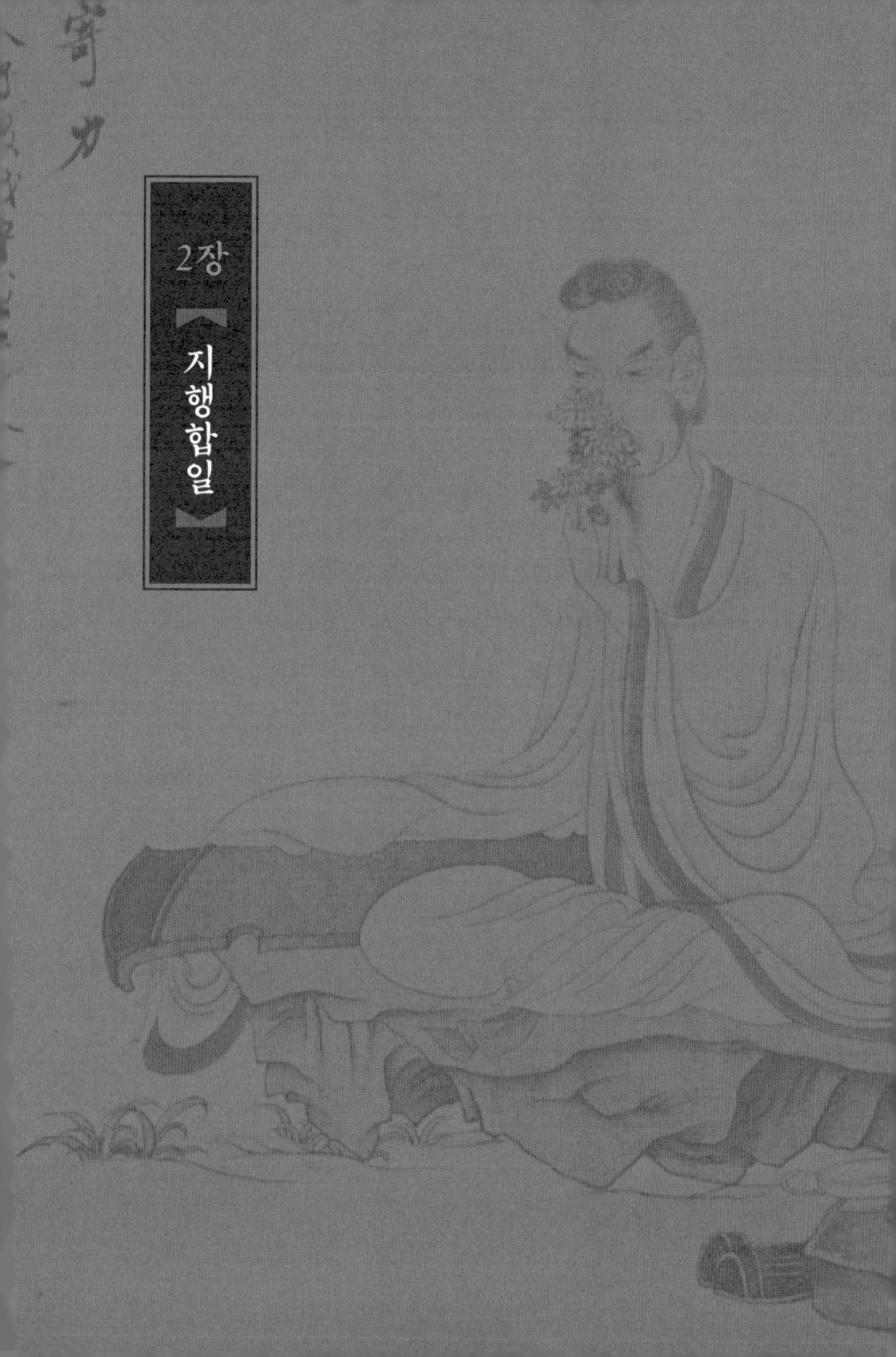

'지행관(知行觀)'은 인식과 실천의 문제를 다루는 문제의식으로, 동양철학에서는 매우 중요한 개념 가운데 하나이다. 사실 동양사상은 서양철학에서처럼 존재론, 인식론, 가치론 등이 명확히 구분되지 않는다. 동양사상에서는 이 세 개의 영역이 오히려 혼재되어 있다. 흔히 서양철학에서는 존재론을 형이상학으로, 가치론을 윤리학으로 그 학문의 범주가 심화되어 나타난다. 그러나 동양사상에서는 인식과 실천, 존재와 가치를 혼재하여 서술할 때 그 의미가 전달되는 부분이 많기 때문에, 앎[知]과 실천[行]이라는 문제의식은 철학논쟁에 있어 주요한 이슈로 설정되어 왔다. 이 장에서는 앎과 실천의 상관관계에 대한 왕수인의 견해와 논리를 살펴보고, 기존 주자학에서의 견지와 어떻게 다른지 비교하기로 한다.

앎과 실천을 둘로 나눌 수 있을까?

"저 서애는 아직도 선생님의 지행합일(知行合一)의 가르침을 잘 이해할 수 없기 때문에, 동학이자 친구인 종현 유현과 함께 토론까지 해 보았지만 결국 결론을 얻지 못했습니다. 그래서 선생님께 다시 한 번 여쭙습니다." [전습록 상, 5조목]

지행합일은 쉬운 것 같으면서도 이해하기 어려운 명제 가운데 하나다. 그만큼 많은 오해와 잘못된 해석을 낳기도 하였다. 일반적 개념으로 볼 때, 지행합일이란 '아는 것'과 '행하는 것'을 연결하는 것으로 생각한다. 그런데 이는 앎과 행함에 관한 선후 순서에 관한 문제의식일까 아니면 앎과 행함 중 어느 쪽에 더 무게를 두어야 한다는 중요성의 논제일까?

'아는 것을 행한다'는 것은 동서고금을 막론하고 공통된 정언명령(定言命令, 모든 행위자가 무조건 절대적으로 지켜야 하는 도덕률)과도 같다. '아는 것을 행하지 말라'라고 하는 학설은 없었기 때문이다. 그래서 일본의 이가이 게이쇼라는 학자는 마치 양명학만이 앎과 행함을 강조한 학문처럼 말하는 것을 비난하기도 했다. 옛 군자들 모두 지행에 관하여 언급했는데, 유독 양명학만이 앎과 행함을 특별히 결부시켜 맹렬하게 주장하는 것은 타당하지 못하다는 것이다. 어떠한 사상에서도 앎과 행함을 서로 분리해 놓은 경우는 없었기도 하다. 그렇다면 지행합일, 즉 앎과 행함의 합일이 말하는 참뜻은 무엇일까?

양명 선생께서 말씀하셨다.

"네가 생각하고 있는 것을 먼저 이야기해 보아라."

서애가 다시 말씀드렸다.

"지금 사람들은 부모에게 효를 다하고 형에게는 아우 노릇을 행해야 함을 알고 있지만, 효를 다하지 못하거나 아우 노릇을 다하지 못하는 사람들이 태반입니다. 그러므로 앎과 행동은 분명 두 가지로 나누어 생각해야 함이 옳지 않을까요?"

양명 선생께서 대답하셨다.

"그 말에는 이미 사욕(私欲)에 의한 간극이 있으므로 지행 본연의 모습이라고는 말할 수 없다. 알면서도 행하지 않는 것이란 있을 수 없다. 알면서도 행하지 않는 것은 다만 알지 못하는 것이다.

성현들께서 백성들을 가르치고자 하신 것은 다른 것이 아니다. 인간을 태어날 때부터 갖고 있는 그 순수 본연의 앎과 행동의 본모습으로 회복시키고자 했던 것이다. 즉, 사람들이 제멋대로 행동하는 것을 방치하지 않고자 하셨다. 그러므로 《대학》에서 참됨 앎과 행동을 말할 때, '좋은 색깔을 좋아하고 나쁜 냄새를 싫어하는 것과 같은 것'이 곧 앎과 행동을 말해 주는 가장 적합한 비유였다. 아름다운 색깔을 보는 것은 앎에 해당하고, 아름다운 색깔을 좋아함은 실천에 해당한다. 그런데 그 아름다운 색깔을 보았을 때에는 이미 마음속에서 자연스럽게 좋아하게 됨이 겉으로 드러나는 것이지, 아름다운 색깔을 보고 난 후에 마음이 또다시 고민과 번뇌 속에서 방황하다가 좋아한다고 결정하는 것이 아니라는 것이다.

나쁜 냄새를 싫어하는 것도 이와 마찬가지다. 나쁜 냄새를 맡는 것은 앎에 속하고, 나쁜 냄새를 싫어하게 되는 것은 실천에 해당된다. 만일 사람이 나쁜 냄새를 맡았다면 마음속에서 자연스럽게 싫어하게 되는 것이지, 나쁜 냄새를 맡고 난 뒤에 달리 결심해 나쁜 냄새를 싫어하게 되는 것이 아니다.

어떤 사람이 효를 알고 또 어떤 사람이 형제의 도리를 알고 있다면, 이 사람은 이미 일찍부터 효를 행하고 형제의 도리를 행하고 있기 때문에 그 사람은 효도와 형제의 도리를 안다고 말할 수 있을 것이다. 그러나 효도와 형제의 도리를 말할 줄 안다고 해서 반드시 그 사람들이 효도와 형제의 도리를 안다고는 할 수 없다. 또한 고통을 안다는 것은, 자신이 먼저 아파 본 다음에야 알게 되는 것이다. 추위를 아는 것 역시 자신이 먼저 추위를 겪어 봐야 아는 것이며, 굶주림을 아는 것도 반드시 자신이 먼저 굶주림을 겪은 뒤에야 가능하다.

이와 같으니 앎과 행동을 어찌 따로 떼어 놓을 수가 있겠는가? 이것이 바로 앎과 행동의 본연의 모습[本體]이며, 사사로운 의지에 의해 본래 뜻과 어긋날 수 없는 것이다. 성현들께서 가르쳐 주신 것은 반드시 이와 같은 것일 뿐이다. (중략)

이것이야말로 참으로 중요하고 실질적인 공부이지 않겠는가? 그런데도 지금 사람들이 앎과 행동을 두 가지 일로 나누어 말하려는 것은 무엇 때문일까?" [전습록 상, 5조목]

아는 것과 행동하는 것이 하나로 일치되기란 매우 어렵다. 내가 어떻게 행동하는 것이 올바른 일인지 알고 있다고 해도, 현실 속에서 항상 그대로 실천한다는 것은 결코 쉽지 않기 때문이다. 그러므로 아는 것과 행동하는 것이 합치해야 한다는 지행일치(知行一致)는 보통 사람으로서는 매우 지난한 일임에 틀림없다.

여기서 우리는 한 가지 명백히 구분하고 넘어가야 한다. 지행일치는 자신이 내뱉은 말과 행위가 반드시 일치되어야만 한다는 당위 규범과 스스로의 약속을 강조하는 말이다. 그래서 지행일치는 동서고금에서 공통으로 강조되어 왔고 그런 사람을 바람직한 인간상으로 추앙해 왔다.

그러나 왕수인은 이러한 지행일치를 강조하는 것이 아니라는 점에

유의해야 한다. '지행일치'와 '지행합일'은 철학적으로 다소 다른 의미를 내포하기 때문이다. 그렇다면 왕수인이 그토록 강조했던 지행합일은 무엇일까?

다시 처음으로 돌아가서 보자. 사람들은 왜 아는 대로 실행하는 것을 어려워할까? 사람은 태어날 때부터 착한 성품을 가지고 있다는데, 착한 품성을 가지고 있는 것과 그 착한 품성으로 인해 알게 되는 것을 행동으로 옮기는 과정에서는 왜 어려움이 따를까? 이에 대해 많은 사람들은 인간 개인의 욕심, 즉 사리사욕 때문에 아는 것과 행동하는 것이 일치되기 어렵다고 설명한다. 그러나 왕수인은 바로 이 부분에서 여타의 다른 학자들과 조금 다르게 설명한다.

왕수인은 인간이라는 존재가 태어날 때부터 스스로 도덕적 존재이며 착한 성품을 가지고 있음을 모르기 때문에, 실행으로 옮기는 과정에서 여러 문제의식들이 제기된다고 보았다. 왕수인에 따르면, 머릿속으로만 아는 것은 진정 알고 있는 것이 아니다. 마음속 깊숙이 알아야만 진정 알고 있는 것이라고 본다. 가령 부모님에게 효도해야 한다는 것은 누구나 알고 있고, 효도하는 방법들에 대해서도 사람들에게 설명할 수 있다. 그럼에도 효도하는 사람이 많지 않은 이유는 부모에게 효도해야 한다는 사실을 마음속 깊이 알고 있는 사람이 많지 않기 때문이란다. "부모님이 우리를 낳고 키워 주셨으니까, 우리는 부모님에게 효도해야 해."라고 머릿속으로만 생각해 놓고, 도덕 시험 답안지에 그렇게 쓸 수 있다고 하여 모두 효자가 될 수 있는 것이 아니라는 주장이다. 그러므로 마음속 깊이 진심으로 부모님에 대한 사랑과 감사의 마음이 우러나올 때, 굳이 의도적으로 노력하지 않아도 부모님을 기쁘게 해 드릴 수 있는 행동이 자연스럽게 나오게 된다는 의미다. 마치 멋진 이성을 본 그 순간 마음속에서 상대방에게 반하는 마음이 생겨나거나, 맛있는 음식을 본 바로 그 순간 진심으로 먹고 싶다는 마음이 생겨나는 것처럼 말이다. 따라서 우리가 진심(盡心), 즉 마음을 다해 알고 있지 않은 것은 제대로 알고 있는 것이 아니기 때문에 행동으로 직접 옮겨지지 못할 수밖에 없다는 것이 왕수인의 주장이다.

백과사전이나 인터넷이 아무리 많은 지식과 정보를 가지고 있다 하더라도 거기에는 '참된 마음'이 있을 수 없다. 때문에, 백과사전이나 인터넷이 올바른 행동을 할 거라고 기대하는 사람은 아무도 없다. 마찬가지로 우리에게 '앎'이란 단순히 머리로만 외우고 있는 지식이 아니라, 마음속 깊은 곳에서 진실한 마음으로 자각했을 때 생겨나는 것이다. 이렇게 진실한 '앎'이 생기면 자연스럽게 진실한 '행동'이 동시에 피어나기 마련이다. 이것이 바로 왕수인이 이야기하는 지행합일이다.

왕수인이 나오기 전에 주자학자들은 앎과 행동이 서로 다르며, 우리는 먼저 알고 난 이후에 실천으로 옮길 수 있다고 생각해 왔다. 주희는 행동과 앎, 두 가지 모두 중요하다고 보았지만, 결과적으로 알지 못하면 아예 실천으로 옮길 수 없다고 보았다. 즉 주희는 먼저 알고 나중에 행한다는 선지후행(先知後行)의 성격이 강하다. 그러다 보니 행동보다 앎이 우선시되거나 선결될 때만이 가능하다는 잘못된 분위기가 발생하였다. 예를 들어, 주자학에서는 효도라는 문제에 대해서도 내가 부모님께 어떠한 행동을 보여야 효도를 다하는 것일까라는 문제를 고민하고, 독서와 수많은 이론적 지식을 습득한 후에 효행을 행한다고 이해한다. 부모님을 편안하게 모시려면 경제적으로 풍족하고, 또 부모님의 몸에 좋은 음식과 훌륭한 옷을 입혀 드려야 한다. 그러려면 부모님께 가장 필요하고 좋은 것이 무엇인지 이리저리 알아보고 책도 많이 읽어 봐야 하며, 또 책 속에 나타난 선현들의 효도 방법을 주지한 다음 효에 관한 방법론을 총망라하면서 활연 관통의 경지에 도달했을 때 비로소 부모님께 효를 실천할 수 있다는 것이 주자학의 지행 경로이다.

반면 왕수인은 진실한 마음만으로 앎의 경지에 도달하면, 그 순간 행동은 자연스럽게 표출되는 것이라고 보았다. 따라서 왕수인의 입장에서는 내가 진심으로 부모님을 사랑하고 있다면 부모님이 원하는 것이 무엇인지 곧바로 알 수 있고, 또 곧바로 자연스레 그것을 실행으로 옮길 수 있다고 한다. 예를 들어 이성 친구와 연애를 할 때나 엄마가 갓난아기를 돌볼 때, 내가 어떻게 해야 사랑하는 상대방을 행복하게 해 줄 수 있을까 고민한다고 치자. 이를 위해 이리저리 정보를 찾고 준비하는 것이 주자학의 입장이라면, 내가 진심으로 사랑한다면 상대방의 얼굴만 보거나 목소리만 들어도 상대방의 마음을 자연스레 알아챌 수 있고 상대방이 원하는 것을 행동으로 옮기게 된다는 것이 양명학 입장에서의 지행합일이다.

공부의 양 날개를 익혀 균형을 잡아라

선생님과 제자들이 모인 자리에서 이러한 말을 하는 사람이 있었다.

"어떤 사람은 도덕적인 공부만 자꾸 하려 들고, 어떤 사람은 지식과 견문을 넓히는 공부에만 치중하려고 합니다."

양명 선생께서 말씀하셨다.

"도덕 수양의 공부만을 추구하는 사람은 매일매일 자신이 부족하다는 것을 느낄 것이다. 반면에, 지식이나 견문만을 공부하려는 사람은 매일매일 자신이 유식해지고 있다는 것에 만족할 것이다. 말하자면 도덕 수양 공부를 위주로 하는 사람은 욕심이 줄어들어 (자신의 사람됨이) 부족하다고 느끼나 실제로는 나날이 본인의 덕성은 성숙될 것이고, 지식과 견문만을 공부하는 사람은 도덕 수양이 없으니 지식이 늘어나 유식해지는 것 같지만 실제로는 인성의 측면에서 나날이 부족해지는 것이다." [전습록 상, 117조목]

'익히다' 또는 '공부하다'라는 뜻의 습(習)이라는 한자를 유심히 살펴보자. 글자의 윗부분은 '깃 우(羽)'라는 글자가 두 개 합쳐져 있음을 알 수 있다. 새의 날개를 뜻하는 깃 또는 깃털은 반드시 좌우 두개의 날개를 가지고 있어야만 날 수 있기 때문이다. 그래야 균형을 잡고 기울어지지 않을 뿐더러 더 높은 하늘로 치고 올라갈 수도 있다. 인류가 새의 양쪽 날개에서 힌트를 얻어 비행기를 발명한 것은, 분명 자연으로부터 얻은 지식이면서도 동시에 노력의 결과임을 새삼 느낀다.

사람이 공부하는 것도 마찬가지이다. 공부에는 인격의 도야를 위한 측면이 있고 지식을 쌓기 위한 공부가 있다. 지식을 축적하는 공부는 오늘날 우리가 학교에서 배우는 이론적 지식을 습득하는 학문에 가까우며 입신출세의 수단으로도 통용된다. 그러나 공부에도 역시 새의 양쪽 날개처럼 균형을 갖추는 것이 필요하다. 공맹유학 이념에서 보자면, 먼저 사람이 되어야지 이론 지식만을 풍부하게 쌓는 것은 그리 중요하게 생각하지 않았다. 한편, 인격 수양을 위한 공부는 '사람 됨됨이'에 해당하는 공부인데, 전통적으로 보자면 심신수양에 해당된다. 과연 이 둘의 조화는 가능할까?

우리는 주변에서 이런 일을 흔히 목격하곤 한다. "아무개는 공부는 잘할지 몰라도 그의 성격과 인품은 본받을 만한 것이 전혀 없다."라거나, "아무개는 공부는 썩 잘하지는 못하지만 성품에 모가 나지 않고 인자하고 부드러워 주변 사람들이 그의 주변에 많다."라고 한다. 과연 어느 쪽이 우리에게 와닿는 평일까? 그야 당연히 인품도 훌륭하고 지식도 많은 사람이 가장 바람직할 것이다. 역시 새의 양 날개의 이치로부터 얻은 것과 같다.

왕수인의 제자들도 역시 이 두 가지 공부에 대해 논의했는데, 왕수인은 노장사상에서 쓰는 말을 가져와 설명한다. 노장사상은 노자와 장자의 사상을 뜻하는데, 그들은 "도란 손지우손지(損之又損之)한 반면 학(學)은 익지우익지(益之又益之)"라고 한다. 무슨 뜻일까? "진리[道]라는 것은 날마다 덜어 내고 또 덜어 내야 하지만, 학문은 날마다 더하고 또 더해 가는 것"이란다. 진리는 자기 마음속의 욕심이나 잘못된 마음을 날마다 덜어 내서 없애 가는 것이지만, 학문은 날마다 머릿속에 끊임없이 지식을 쌓아 나가는 것이니, 욕심이 가득 찰수록 진리로부터 멀어진다고 비판한 것이다.

왕수인도 이 말을 가져다가 도덕 수양을 위한 공부와 지식을 연마하는 공부가 둘 다 필요하다고 비유한다. 능력이 뛰어나고 머리도 좋지만 자기 욕심만 가득 찬 사람은 그 능력을 자기만의 이익을 위해 사용하곤 한다. 그러니 공부를 많이 하여 능력이 뛰어날수록 남에게 미치는 피해도 더 커지게 마련이다. 반면, 인품이 뛰어나고 성격이 좋다 하더라도 능력이 부족하면 다른 사람을 돕기 위해 큰일을 할 수 없다. 그러므로 양 측면의 공부를 병행하는 것이 중요하다는 말이다.

그렇다면 인격 수양과 지식 습득이라는 공부의 양자 관계를 어떻게 결론지을 수 있을까? 이 둘은 무엇을 먼저 실행해야 하는가의 선후의 문제라기보다, 양쪽을 병행하며 그 중요성을 잊어서는 안 될 문제로 보아야 할 것이다.

지식만 추구해서는 안 된다

양명 선생께서 육원정(양명의 제자. 이름은 징)에게 말씀하셨다.

"원정아! 자네는 아직도 젊은데 오경을 열심히 이해하려 하고, 또한 무엇이든지 널리 배우려고 매우 노력한다. 하지만 성인이 사람들을 가르칠 때에는 사람들이 간단하고 쉽게 공부하지 못할까를 염려했다. 그래서 성인께서 가르치신 것은 복잡하고 어려운 지식이 아니라 모두 간단하고 쉬운 규범들뿐이었다. 지식욕에 충만해 있는 오늘날의 사람들이 볼 때는 성인께서 가르치시고자 하는 방법이 도리어 잘못된 것처럼 보이겠구나!" [전습록 하, 58조목]

왕수인이 인간이 가진 학구열을 비판하는 대목이 아니다. 사람이라면 누구나 진리에 목말라 할 수 있고, 또 당연히 지적 호기심이 충만해야 한다. 다만 왕수인 생존 당시 지식 습득이라는 것이 지나칠 정도로 이론화되어 있는 것에 문제가 있음을 지적한다. 또한 이러한 이론적 지식이 인간을 위한 인간학 측면보다, 관료로 출세하려는 사회적 욕구를 충족시키는 수단으로 전락됨을 안타깝게 생각한 것이다. 이것은 21세기를 살아가는 지금 우리들에게도 무엇인가의 반성을 불러일으키는 대목이라 하지 않을 수 없다.

《천자문》에도 '학우등사(學優登仕)'라는 말이 있다. '학문을 연마하여 그 실력이 우수하면 당연히 벼슬길에 올라야 한다.'라는 뜻이다. 돈도 없고 후견인도 없는 일반인이 신분 상승을 할 유일한 창구는 과거 시험이었을 것이다. 그 과거 시험을 위해 노력하는 젊은이들을 모조리 비판할 수는 없다. 다만 이들이 관료로 진출하기까지의 과정과 그 이후가 문제이다. 일단 시험에 합격하기 위하여 본인의 사람됨과 주변의 인간관계를 전혀 고려하지 않는 태도가 첫 번째 문제이며, 합격한 이후 팔짱이나 끼고 앉아 고압적 자세의 관료로 돌변하는 자세가 더 큰 문제였다.

왕수인은 당시 사람들이 본인의 개인적 욕망을 충족하고 사회적 지위를 얻기 위한 지식 습득 위주의 공부가 절름발이 형태였음을 절실히 체감하라는 경고 메시지를 들려준 것이다. 그 한계는 고스란히 피지배층인 백성에게 돌아오기 때문이다. 자고로 공자와 같은 성인들의 가르침은 지식에 대한 암기보다 자기 자신의 부족함을 알아 가는 과정을 강조하는 정감적인 교육이었다. 배워서 많이 알고, 또 등용되어 다방면에서 자신의 가치를 인정받는다 하더라도, 나 자신에 대한 부단한 성찰 없이는 이후의 발전 또한 바라볼 수 없기 때문이라고 생각했다. 물론 이론 공부나 지식의 연마도 중요하지만, '사람됨'

을 우선하는 전인교육이야말로 동서고금을 통한 불변의 교육 목표였던 것이다. 그래서 《논어》에 보면 공자가 "효제충신(孝悌忠信)의 행위를 모두 마치고 나서, 남는 여력이 있거든 그때 비로소 글을 배우라 [行有餘力 則以學文]."라고 말했다. 왕수인 역시 이런 입장을 적극적으로 지키려는 학문관을 견지한다.

마음속 본체를 돌아보며 공부하라

서애가 물었다.

"책을 읽다가 명확하게 이해할 수 없는 부분이 나오면 어떻게 해야 할까요?"

양명 선생이 대답하셨다.

"공부는 반드시 마음의 본체[心體]에서 힘을 쏟아야 한다. 일반적으로 알 수 없고 행할 수 없는 것은 반드시 돌이켜 봐서 자기 마음에 합당하도록 하면 곧 통달할 수 있을 것이다. 사서오경이란 이 마음의 본체에 관한 해설서에 불과하다. 마음의 본체가 바로 도심(道心)이라는 것이며, 또 마음의 본체가 밝으면 '도' 역시 밝게 되므로 양자는 서로 다른 것이 아니다. 이것이 학문을 하는 요점이다." [전습록 상. 32조목]

사서오경이란 《대학》, 《논어》, 《맹자》, 《중용》 등 네 권의 책[四書]과 《시경》, 《서경》, 《역경》, 《예기》, 《춘추》 등 다섯 권의 경전[五經]을 총칭하는 용어다. 중국의 송나라와 명나라 유학자들이 가장 중시했던 서적들이며, 우리 조선 시대 유학자에게도 필독서에 해당되었다. 이 시기 유학자들은 늘 '어떻게 하면 성인(聖人)이 될 수 있을까'를 고민했고, 이에 대한 해답을 사서오경 속에서 찾으려고 했다.

질문을 한 서애는 혼자 책을 읽어도 이해가 잘 안 되는 것이 있다고 하소연한다. 이에 대해 왕수인은 자신의 마음을 돌아봐야 공부를 제대로 할 수 있다며, 어찌 보면 매우 추상적인 대답을 내놓았다. 그렇다면 '마음'이란 과연 무엇인가?

《대학》에 보면 "마음에 있지 않으면 보아도 보이지 않고, 들어도 들리지 않고, 먹어도 그 맛을 모른다[心不在焉 視而不見 聽而不聞 食而不知其味].”라는 말이 있다. 사람은 눈·귀·입과 같은 감각기관을 통해 피상적인 것을 알아낼 수 있을지 모르겠지만, 진정한 앎이란 마음을 통해서만 참된 실상과 의미를 파악해 낼 수 있다. 《논어》〈술이〉편에도 "공자는 제나라의 음악을 들으시고 3개월 동안이나 고기 맛을 모르고 식사를 하셨다.”라 되어 있는데, '마음'이 '감각'보다 우선함을 보여 주는 단적인 방증이기도 하다.

그런데 마음이라는 것을 돌이켜 숙고해 보면, 수시로 변화하는 '감정[情]'의 움직임도 간파할 수 있겠지만 움직이지 않는 '마음속[體]'도 어딘가에 숨어 있음을 찾아볼 수 있다. 왕수인은 그 마음속을 바로 '본래부터 타고난 참된 앎'이라 하여, 양지라고 했다. 그리고 그 마음속은 하늘의 이치와 동등하다고 보았다. 따라서 하늘의 이치와 동등한 인간의 양지를 확실하게 터득하여 선한 방향으로 밝게 비추어 나가기만 하면 성인(聖人)이 될 수 있다고 생각했다. 사람이 심신을 수양하는 목적과 이유도 바로 여기에 있다는 것이다. 따라서 사서오경과 같은 유교철학의 중요한 경서들도 결국 내 마음속의 양지가 최고의 방향으로 나갈 수 있는 해설서나 참고서에 불과하다고 여겼다. 그러한 경서들이야말로 선대의 성현들이 마음속 본체를 이뤄 낸 결과물이거나, 또는 양지를 이루도록 하는 지침서의 역할을 해 오던 기록이기 때문이다.

그런데 여기에서 한 가지 주목할 만한 점이 있다. 인간의 마음을 정의하는 유교철학의 경서 가운데 《서경》에 "인심은 위태하고 도심은 희미하니, 오직 정밀히 살펴 한결같이 하여야만 진실로 그 중심을 잡으리라."라는 문구가 있다. 사실 이 말은 중국 고대의 순임금이 자신의 왕좌를 우에게 넘겨주면서 '마음을 조심하고 늘 살펴라'라는 충고였다. 다만 한문으로 쓰인 이 16개의 글자 속에 숨어 있는 뜻이 매우 함축적인 관계로 인심과 도심에 관한 다양한 학설이 쏟아지게 되었다. 심지어 조선 시대 유자들 사이에서는 인심-도심 논쟁이 왕성히 치러지던 때도 있었다. 결국 《서경》의 이 구절의 가장 큰 요점은 인간의 마음이란 매우 오묘하여 그 실체를 파악하기가 쉽지 않음에 있다 할 것이다. 마음에 대한 논쟁을 수면 위로 올렸던 것은 주희가 《중용》을 편집하면서 서문에 밝혀 놓은 문구로부터 시작되었다.

주자는 《중용》 서문에 "사람의 마음은 비어 있는 것 같지만 실제로는 매우 영험하여 알고 깨달을 수 있다[虛靈知覺]. 그러나 이 마음에는 인심과 도심이 있는데, 하나는 육체의 사사로운 기운으로부터 나오고 또 다른 하나는 하늘로부터 부여받은 본성의 올바른 명령으로부터 나온다. 따라서 사람의 마음이 알고 깨닫는 바가 달리 나타난다." 라고 하였다. 여기에서 전자는 '인심'이고 후자는 '도심'에 해당한다.

그러나 양명학에서는 마음의 참된 본체가 먹구름에 가려 있는 상태를 인심이라고 하고 먹구름이 가셔서 깨끗하고 맑은 상태를 도심이라 설명한다. 내 마음의 본체가 환하게 밝아지면 바로 이 상태가 도심이며, 진리의 참 모습인 도체(道體)라는 것이다. 그러므로 사서오경에 쓰인 어려운 문장들을 해석하고 이해하여 암기하는 지적 측면의 공부가 중요한 것이 아니라, 자기 마음속의 참된 본체인 양지를 터득하여 일상에서 즉각 발휘하는 것이 중요하다. 내가 스스로 양지를 발견하고 나의 실제 삶 속에 적극적으로 발휘해 나가지 않는다면, 아무리 중요한 진리가 기록되어 있는 사서오경을 달달 암송하는 공부를 하여도 쓸모없는 일에 불과할 뿐이다. 따라서 양명학에서는 사서오경을 읽을 때에도 머릿속으로만 공부하지 말고, 하나하나 자기 마음속으로 돌이켜서 마음속 본체와 대비하는 것이 진정한 공부라고 여겼다.

화려한 문장만 짓는 것은
허위를 수식하는 거짓된 행위다

서애가 문중자(文仲子, 수나라 시대 사람으로 이름은 왕통이며 《논어》를 흉내 내어 《문중자중설》이라는 책을 저술함)와 한퇴지(韓退之, 당나라 중기 유학자로 이름은 유인데 불교를 배척하고 유학의 정통과 도통을 강조해 성리학의 선구자로 일컬어짐)에 관해 여쭈었더니, 양명 선생께서 말씀하셨다.

"한퇴지는 문장가 가운데 뛰어난 사람일 뿐이지만, 문중자는 현명한 유학자다. 후세 사람들은 문장 때문에 한퇴지를 매우 높이 여기지만, 사실 한퇴지는 문중자보다 훨씬 못한 사람이다. (중략)

춘추시대 이후로 번잡한 문장들이 나돌게 되고, 천하는 이로써 더욱 혼란하고 어지러워졌다. (중략)

진나라와 한나라 시대 이래로 문장은 나날이 번성해 그것을 모두 없애려 해도 도저히 없앨 수 없는 지경에까지 이르렀다. (중략)

천하가 혼란으로부터 구제되지 않는 까닭은 오로지 헛된 문장이 성행하고 진실이 쇠했기 때문이다. 사람들은 자기의 견해를 내놓고 새롭고 기이한 것을 다투어 추앙하며 세상을 현혹하여 혹세무민하는 것으로 명예를 얻으려 하고 있다. 천하 사람들의 총명함을 어지럽히고, 천하 사람들의 눈과 귀를 가리며, 천하 사람들로 하여금 바람에 풀이 쏠리듯이 서로들 다투어 가며 문장을 아름답게 꾸미는 일에만 정진한다. 이는 자신의 이름을 세상에 드러내고 싶은 욕망이다. 그래서 근본을 중시하고 진실을 숭상하며 원래의 순박하고 선량한 인간의 본성으로 돌아가는 행동은 그 존재조차 잃어버리는 형국이 되었다. 이러한 분위기야말로 글을 쓰고 책을 펴내는 사람들이 스스로 만들어 놓은 결과인 것이다." [전습록 상, 11조목]

왕수인의 제자였던 서애와 전덕홍 등의 학자들은 모두 자신의 스승 왕수인이 일찍부터 문장을 짓고 시를 낭송하는 데에 탐닉했다고 말한다. 그는 명나라의 수도에서 많은 시인과 문장가를 불러 모아 시와 문장을 지어 명성을 날리기도 했으며, 시인과 문장의 대가(大家)로 인정받기도 했다. 이처럼 왕수인은 젊어서부터 예술적인 사장학(章詞學)에 조예가 있었고, 자신의 감정을 시와 문장에 쏟아 내며 문예미를 한껏 뽐낸 적이 있었다.

그러나 훗날 왕수인은 과거 자신의 행태에 대하여 반성한다. 쓸데 없이 글이나 짓고 풍류나 읊어 대는 짓에 허송세월을 보냈다며 매우 후회하였고, 자신이 조직했던 문장가 모임에서 과감히 탈퇴한다. 왕수인의 이러한 행보 속에 깔린 숨은 뜻은 무엇이었을까? 삶이 여유로울 때에는 화려한 인생을 뽐내며, 세상의 이치를 자신에게 적합하도록 합리화하려 한다. 그러므로 백성의 궁핍한 생활과 피폐한 삶에 대해서는 돌아보는 기회가 그만큼 적었다. 그러다가 양명은 공자께서 가르쳐 주신 인간의 착한 본성과 마음을 세상에 어떻게 적용하며 살아갈지에 대하여 다시금 고민하게 된다. 이 시기 왕수인의 눈에 비쳤던 '사장가'의 모습, 즉 시나 짓고 문장을 외워 가며 문예미나 뽐내는 행위는 탁상공론이나 일삼는 소인배들의 모습으로 다가왔던 것이다.

그래서 그는 문장가들이 백성들의 사회상에는 관심 없이 자신들의 풍류와 화려한 삶만을 일삼는 폐단을 지적하면서, 춘추시대 이래로 번잡했던 백가쟁명의 문장들이 사람들을 혼란하게 만들고, 진·한나라 때 풍미했던, 겉만을 화려하게 꾸미는 사조에 대해서도 매우 좋지 않은 시선으로 바라보았다. 즉, 문장가들이 인간 본연의 정신을 가리게 하여 세상이 혼란과 궁핍으로 전이되었다고 본 것이다. 왕수인은 진한시대에 성행했던, 문장을 화려하게 수식하는 사장가들이야말로 자신들의 허위를 감추고 있음을 지적하였다. 거짓된 문장으로 겉만을 화려하게 장식하는 것은 반드시 거짓된 마음에서 비롯된 것이니, 이러한 문예를 익힌다면 성인 공자의 가르침에 어긋날 뿐만 아니라 스스로의 정체성과 본연의 모습을 망각하여 언젠가는 본인도 쇠망함을 면치 못할 것이라고 비판한다.

이런 관점에서 양명은 문중자와 한퇴지를 설명하며, 후세 사람들은 문장의 화려함을 내비쳤던 한퇴지를 높이 평가하고는 있으나, 도리어 인간 사회를 보다 진실한 마음으로 우려했던 문중자의 모습이 훨씬 낫다고 보았다. 왕수인은 사람이 마음을 글로 표현할 때에는 인간이 가진 지극히 착한 마음과 하늘의 이치가 일관되게 잘 드러난다고 주장하며, 겉으로 꾸미는 어투나 문장력은 단지 거짓된 마음의 표현일 뿐이라고 일축하였다.

3장

〔 치
양
지 〕

유가철학의 도통(道統)을 서술해 본다면 당연히 고대 공자와 맹자로부터 시작하여 중세 성리학으로 이어지는 계보를 말할 것이다. 유가의 도통 또는 적통을 이야기할 때 기본이 되는 전제 조건 중 하나가 인간을 어떠한 존재로 파악하느냐이다. 즉, 유가에서는 인간이 선천적으로 착한 본성을 가진 존재이며, 이러한 성선의 본성을 어떻게 수양하고 공부하여 성인군자의 모습을 지닐 것인지를 중요한 문제로 여겨 왔다.

　이 과정에서 맹자가 말한 양지는 인간이 태어나면서부터 선천적으로 시비선악(是非善惡)을 분별할 수 있는 선험적 앎을 가지고 있다는 것이다. 따라서 맹자는 인간이라면 당연히 이 선험적인 양지를 사사물물(事事物物, 사물과 사건)로 확충해 나가야 한다고 역설한다. 왕수인은 맹자의 이러한 양지에 대한 관점을 적극적으로 수용한 성리학자로서, 선천적이고 보편적 기준의 틀을 가지고 있는 양지를 실현한다는 의미로서 치양지(致良知) 학설을 제창한다. 이 장에서는 왕수인의 치양지가 어떤 의미와 가치를 지니는지, 좀 더 구체적으로 살펴보기로 한다.

치양지와 격물치지,
양명학과 주자학의 중요한 경계

"내가 말한 '앎을 다한다[致知]'가 '사물에 이름[格物]'에서부터 비롯
된다는 것은 내 마음의 양지를 사사물물에 확충한다는 뜻이다. 내 마
음의 양지는 바로 '하늘의 이치'를 말한다. 내 마음의 양지를 사사물
물에 확충하면 사사물물은 모두 이치를 얻게 된다. 내 마음의 양지
를 확충하는 것이 '치지'이고 사사물물이 이치를 얻게 되는 것이 '격물'
이다." [전습록 중, 135조목]

비교적 간단해 보이는 구절이지만, 이에 담긴 철학적 사색의 깊이
를 이해하려면 상당한 성리철학 관련 지식이 필요하며, 주자학과 양
명학의 중요한 차이를 알아야 한다.

먼저 왕수인의 철학에서 가장 중요한 핵심 개념 중 하나가 양지(良
知)임을 명심해야 한다. 양지란 '본래부터 타고난 선천적인 참된 앎의
경지'를 의미하며, 구체적으로 말하자면 '태어날 때부터 누구나 가지
고 있는 보편적 마음의 본체'를 가리킨다. 배우지 않아도 본래부터 알
고 있는 진솔한 앎의 내용은 다름 아닌 내 마음속 깊은 곳에서 우러

나오는 것으로, 그 실체는 나와 남이 서로 다른 존재가 아니라는 점이며 그 중심에는 '사랑[仁]의 마음'이 있다. 이것은 온 세상에 통용되는 진리이므로 '하늘의 이치[天理]'라고도 한다. 내 마음속에서 이러한 '본래 타고난 참된 앎', 즉 양지를 찾아내면 모든 존재와 내가 하나임을 알게 되고, 다른 노력이나 수고로움 없이도 모두가 행복해질 수 있는 행위를 선택해서 실천할 수 있게 된다는 의미다. 예를 들어, 내가 사랑하는 부모님과 같은 운명 공동체라는 사실을 마음속 깊이 알게 된다면, 부모님께서 편찮으실 때 나는 어떻게 해서든 부모님의 병이 나을 수 있도록 최선의 행동을 보여 줄 것이다. 이것이 바로 왕수인이 생각하는 '지행합일'의 핵심이다.

왕수인은 이러한 양지라는 개념을 중심으로 공부법에서도 주자와 다른 주장을 펴 나간다. 위 글에서 이야기하고 있는 것은 격물과 치지라는 개념으로, 이 두 개념은 《대학》이라는 책에 나오며, 성리철학의 중요 개념어이기도 하다. 《대학》에서는 개인 수양을 통해 온 세상이 평화로워질 수 있기까지의 과정을 다음과 같이 단계별로 제시한다.

격물(格物, ① 대상물의 본질에 이른다. ② 일을 올바르게 한다.) → 치지(致知, ① 앎에 도달한다. ② 양지를 확충한다.) → 성의(誠意, 뜻을 정성스럽게 한다.) → 정심(正心, 마음을 바르게 한다.) → 수신(修身, 자신의 심신을 닦는다.) → 제가(齊家, 자신의 집안과 집단을 평화롭게 다스린다.) → 치국(治國, 나라를 제대로 다스린다.) → 평천하(平天下, 천하를 평화롭게 한다.)

이 조목의 개수를 모두 합하면 여덟 가지다. 그래서 이를 《대학》의 팔조목이라고 한다. 처음에 나오는 '격물'부터 '수신'까지는 개인 수양에 관한 덕목이고, '제가'부터 '평천하'까지는 세상 경영에 관한 덕목이라 할 수 있다.

그런데 여기에서 격물을 어떻게 해석하느냐에 따라 주자학과 양명학의 차이가 나뉜다. 주희는 격물의 격(物)을 '이르다 · 도달하다'라는 의미로 해석했으며, 격물을 '대상물의 본질에 이르다'라고 보았다.(격물 ①의 풀이) 이런 해석에 따른다면, 격물치지란 사람이 살아가면서 외부 대상물을 마주치게 되는데, 그때 나는 그 대상물[物]로 나아가[格], 그것의 이치를 연구하여 앎[知]에 이른다[致]는 의미로 받아들일 수 있다. 예컨대 내 삶에서 부모님을 만나게 되면, 나는 내 부모님과 어떤 관계이며 부모님을 어떻게 대해야 하는지 그 이치를 탐구함으로써 나의 앎의 경지를 단계적으로 확충하여 부모님이라는 대상물에 대하여 격물치지를 완성해 나가는 셈이다. 그래서 부모님께 효를 다해야 한다는 이치를 알았다면, 이제 그 뜻을 정성스럽게 하고[誠意] 마음을 바르게[正心] 하여 효도를 다해야 한다. 이러한 일련의 과정이 앎과 실천을 완성해 나가는 격물치지이다.

반면 양명은 격물치지를 완전히 전혀 다른 의미로 풀이한다. 먼저 격물의 '격'은 바로잡는다[正]는 의미이고, '물'은 대상물이 아니라 실제의 구체적인 일이나 사건[事]의 의미로 '행위의 처음부터 끝까지의 과정'이라는 뜻으로 풀이한다.(위 격물 ②의 풀이가 여기에 해당된다.) 따라서 왕수인은 격물을 '실제의 구체적인 일을 올바르게 한다'라는 의미로 해석한다. 또한 치지는 단순히 '앎에 이른다'라는 것이 아니라, 앞에서 언급했던 바와 같이 인간이면 누구나 태어날 때 가지고 있는 양지를 구체적이고 적극적으로 발휘하는 것을 의미한다. 치(致)는 본래 '앞으로 밀고 나아간다'라는 뜻을 가진 한자로서, '확충하다' 또는 '완성하다', '이뤄 낸다'는 뜻으로 풀이가 가능하기 때문이다.

또한 왕수인에게 격물과 치지는 어느 한쪽이 먼저 발생한 후 뒤이어 다른 한쪽이 뒤따르는 시간적 선후의 문제가 아니라, 두 가지가 동시에 표출됨을 의미한다. 내 마음속에서 양지를 발견하게 되면, 나는 내가 부딪히는 모든 구체적인 상황 속에서 본래부터 타고난 참된 앎[良知]을 적극 발휘하게 될 것이다. 그러한 과정에서 내가 만나는 모든 상황이나 사건들을 순조롭고 올바르게 변화시키려는 의지를 무한히 가지게 될 것이다. 여기에서 양지를 구체적이고 적극적으로 발휘하는 것이 '치지'이고, 그러한 과정에서 올바른 상황으로 변화를 유도하는 역동적 행위가 '격물'이다. 즉, 왕수인의 철학논리에 있어 격물은 정물(正物)이며 '모든 사사물물과 상황을 바르게 잡는다'라는 의미에 가깝다. 그러니까 양명에 따르면 격물·치지·성의·정심·수신·제가·치국·평천하가 따로따로 개별로 존재한다거나 또는 이들이 순서대로 진행되는 것이 결코 아니라, 내 마음속에서 양지를 터득한 순간 동시에 진행되는 것이다. 이것의 완성체가 바로 양지를 실현했다는 의미로서 치양지(致良知)이다.

주자학에서는 격물이 '궁리'하고, 수많은 '독서'와 '거경'(居敬, 늘 마음을 바르게 하고 순수한 상태를 유지함으로써 덕성을 함양함)을 통해 모든 앎을 단계적으로 넓혀 가며 결국에 통달할 수 있는 활연 관통의 경지에 오를 수 있어야만 가능하였다. 따라서 주자학에서는 지극한 앎을 이룬 다음에야 그 앎을 실천으로 옮기는 대단히 어려운 과정이 순차적으로 요구될 수밖에 없었다. 이러한 주희 방식의 선지후행(先知後行)은 인식과 실천이라는 측면에서 볼 때 양명의 지행합일과 상이한 점이 많았다. 과연 어느 쪽이 더 실천력이 뛰어난 학문으로 발전할 수 있었을지는 독자들의 판단에 맡겨 본다.

마음이 우선인가, 공부하는 과정이 중요한가?

서애가 여쭈었다.

"어버이를 섬긴다는 일에 대하여 말씀드립니다. 겨울철에 부모님을 따뜻하게 해 드리고 여름철에 부모님을 서늘하게 해 드리며, 저녁에는 잠자리를 보살펴 드리고 아침에는 편안하셨는지를 여쭙는 등 부모님을 모시는 과정에서 지켜야 할 일들이 참으로 많습니다. 이 모든 것들도 당연히 중요하게 알아야만 하는 것 아니겠습니까?"

양명 선생이 말씀하셨다.

"어찌 그러한 일들이라고 깊이 알지 않을 수 있겠는가? 그러나 핵심을 알아야만 한다. 부모님을 모시는 데에 내 마음속의 정성과 성의[天理]가 가장 중요한 법이지 나를 중심으로 모시는 조건이나 방법[私慾]이 왜 중요하겠느냐? 예를 들면, 겨울철에 따뜻하게 해 드리려고 노력한다면 다만 자기 마음의 효성만 다하면 그만이지 조금이라도 내 욕심이 끼어들어서는 안 된다. 여름철에 서늘하게 해 드리는 데에도 마찬가지다.

하지만 내 마음의 정성을 다해 부모를 모신다는 것은 참으로 어려운 일일 것이다. 다만 자기 마음에 개인의 욕심은 사라지고 순수한 정성과 성의만이 있게 된다면, 아마도 부모님에게 효도할 때 정성을 다하게 되어 겨울철에 부모님을 따뜻하게 해 드리고 여름철에 부모님을 서늘하게 해 드리는 방법을 자연스레 찾게 될 것이다." [전습록 상, 3조목]

주희는 기본적으로 이성적 지식에 기반하여 만물의 진리를 터득해 가는 인식론을 지향하였다. 반면에 왕수인은 내 마음의 이치를 기준으로 만물의 진리를 찾아내는 주관적 자득(自得)의 인식론을 견지해 왔다. 사실 고대 동양사상을 대표하는 공자와 맹자는 모두 인간의 마음에 내재된 이치를 본질로 삼고, 이를 세상에 살아가는 방법과 처세술로 승화시켰다. 그렇다면 공자와 맹자의 철학에 가까운 사람은 주희인가, 아니면 왕수인인가?

왕수인의 제자인 서애는, 부모님께 구체적으로 효행을 실천하려면 막연하게 '내 마음의 이치'만 가지고는 안 되며, 어떻게 해야 부모님을 편안하게 해 드릴 수 있는지 구체적인 절차와 방법을 알아야 하는 게 아니냐고 질문했다. 겨울철에 부모님의 방바닥은 따뜻한지, 여름철에 시원하게 통풍은 잘되는지, 또한 저녁에는 잠자리를 보살펴 드리고 아침에는 편안하셨는지를 여쭤 보며 조금의 불편함도 없게 해 드리는 것이 중요하다고 생각했다. 어쩌면 이러한 의문은 서애가 주자학의 지식론이 맞지 않느냐고 반문하는 것과 마찬가지인 셈이다.

왕수인 역시 이런 구체적인 행동과 방법들이 중요하다는 점은 인정한다. 그러나 왕수인은 사람에게 가장 중요한 것은 자신의 마음을 다하는 '정성'과 '성의'라고 생각했다. 매사에 성심성의를 다한다는 것은 곧 내 마음의 이치를 다한다는 의미이며, 이런 진실한 마음만 있다면 서애가 말한 그런 일들은 힘든 노력을 통해 이루어지는 것이 아니라 자연스럽게 표출될 수 있다고 생각했다. 내 몸이 피곤하여 행동으로 옮기기 싫은데도 부모님에 대한 의무라는 생각에 억지로 효행을 보여야만 한다면 노력이나 수고가 되겠지만, 내가 진심으로 사랑하는 부모님이 편안하신지 궁금하여 표출되는 일련의 행위들은 자연스러운 행위일 뿐이지 어떠한 수고로움이나 노력도 필요하지 않다는 것이다. 또한 부모님에 대한 진심 어린 사랑과 정성에도 불구하고 불가피한 일로 내가 부모님을 보살펴 드리지 못하는 경우도 있다. 예를 들어, 내가 외국에 나가 있다든가 다른 일로 집 밖에서 체류하고 오면 부모님께 전화로 안부 인사를 여쭙고 구체적으로 보살펴 드리는 일은 다른 사람에게 시키거나 부탁을 할 수도 있다. 무엇보다도 중요한 것은 내 마음속에서 부모님을 사랑하는 '참된 앎'을 찾는 것이고, 끝없이 이를 반구저기(反求諸己, 허물을 돌이켜 나에게서 찾음)하는 것일 뿐이다.

감정은 시의적절하게 표현되어야 한다

육징은 예전에 육구연이 말했던 '사람의 감정과 일의 변화를 관찰하기 위해서 노력이 필요하다'라고 말한 학설에 대하여 선생님께 여쭈었다. 양명 선생이 대답하셨다.

"일상에서 사람의 감정과 일의 변화됨을 제외하고서는 더 이상 다른 일은 없다. 희로애락이 사람의 감정이 아니고 무엇이겠는가? 보고 듣고 말하고 행동하는 것에서부터, 부귀 빈천 환란 생사 모두 일의 변화다. 이런 일의 변화라는 것도 (알고 보면) 사람의 감정에 따라 일어난 것이다. 중요한 것은 '중화에 도달할 수 있느냐[致中和]'의 여부이다. 중화에 도달하는 것도 단지 홀로 있을 때 삼가는 자세를 취하는 것에 달려 있다." [전습록 중, 37조목]

인간이 취하는 일련의 행위, 예컨대 보고[視], 듣고[聽], 말하고[言], 행동하는[動] 것은 인간이라면 누구나 지닌 능력이자 본능 행위 가운데 일부이다. 또한 이것들은 인간이 감정을 겉으로 표현해 내기 위해 가장 기본이 되는 표현 양태 중 하나일 것이다.

사람이 어떤 대상을 보고 '아름다움'과 '추함'을 그림으로 표현한다든지, 어떤 악기를 가지고 음악을 연주한다든지, 노래를 부르거나 율동으로 아름다움을 드러내는 것들은 모두 인간의 감정을 때에 맞춰 표현하고 구사하는 예술 행위이다. 따라서 왕수인은 모든 인간의 감정과 그 감정 표현은 예술철학과 연계될 수 있으며, 모든 일의 변화를 인간 감정 내부에서 승화하고 적절히 표현하는 것이 중요함을 역설했다.

인간의 감정을 예술 표현으로 승화하려면 감정이 오직 중화(中和)의 경지에 이르러야 한다고 왕수인은 강조한다. 여기서 중화라 함은 앞에서도 언급한 바와 같이, 인간의 순수한 감정이 아직 드러나지 않다가 일단 드러나게 되면 모든 상황에 정확히 들어맞았을 때를 의미한다. '모든 상황에 정확히 들어맞다'라는 말은 인간의 감정 표현이 그 처한 상황에 적절하게 부합되었는지의 여부를 말한다. 적절히 맞아떨어진 경우를 우리는 중화라고 한다. 이때 중(中)은 '가운데'라는 뜻이 아니라 '적중하다'라는 뜻이고, 화(和)는 '조화되다'라는 뜻이다. 따라서 인간의 감정이 그 상황에 적중하여[中] 조화롭게[和] 표출되었다라는 것을 의미한다.

이러한 중화의 예술적 경지에 이르기 위해 왕수인은 인간에게 '근독(謹獨)'을 강조한다. 근독은 《중용》에서 말하는 '신독(愼獨)'과도 비슷한 용어로서, 혼자 있을 때에도 항상 냉철히 자신을 반성하고 삼가고 조심하라는 뜻이다. 즉, 스스로 자신을 속이지 않고 선(善)을 좋아하며 스스로 만족할 줄 아는[自謙] 겸허한 사람이 되면, 자신의 감정이 겉으로 표현될 때에 다른 사람도 공감을 느낄 수 있는 보편타당한 상황이 연출된다는 것이다.

인간의 본성과 감정을 표현하는 방식은 인간이 인간됨을 더욱 빛나게 하는 활동이 될 때, 예술이라는 경지에 도달할 수 있다. 그러한 예술은 자신의 인격을 완성하기 위한 도구로 사용되기도 하였으며, 모든 사람이 보편타당한 기준을 공감할 수 있을 때만이 가능하다. 또한 예술을 표현하는 사람의 감정은 반드시 자신을 속이지 않아야 하고, 사악함을 미워하고 선함과 순수함을 좋아함으로써 인간의 본성을 시의적절하게 아름다운 감정으로 드러낼 수 있는 '중화'의 경지로 승화시켜야 한다. 이러한 경지를 왕수인은 치양지라 하였다. '치'는 동사로서 '행하다', '표현하다'라는 뜻이며, '양지'는 인간이라면 선천으로 가지고 있는 순순한 도덕심을 의미한다. 여기서 양지를 달리 표현하면 인간이 타고난 천성 또는 순수 정신세계이다. 이러한 양지가 세상 모든 일과 현상의 적재적소에 발현되어 중화라는 경지에 도달하면, 누구에게나 보편타당한 감정으로 인정받게 된다.

양명의 예술관은, 모든 사람들이 그러한 치양지의 감정 표현에 공감함을 의미한다. 그것이 때로는 시로, 때로는 음악으로, 때로는 회화나 조각, 체육이나 무용으로 드러난다. 양명학에서 말하는 이러한 예술적 경지는 문학과 예술 방면에서 성황을 맞기도 하였다. 왕수인이 활동하던 16세기 초만 하여도 중국에서는 이미 자본주의가 싹트기 시작하였다. 인간의 자유로운 연애관이 꿈틀거렸고 사농공상의 봉건계급에 대해서도 부정적인 견해가 일기 시작한 터였다. 이미 귀족과 노비가 겸상하여 밥을 먹는가 하면, 사회적으로는 여성도 재혼할 수 있다는 근대 가치와 세계관이 요동치기 시작하는 시기였다. 이때 왕수인이 말한 치양지는 인간의 본성과 감정이 중화의 경지에 이르는 예술로 승화되어 다양한 작품들이 쏟아지는 발화점 역할을 톡톡히 해내었다. 우리나라 조선 중기에 유행했던 허균의 《홍길동전》이라는 작품도 사회모순을 통렬하게 비판한 근대소설이라 할 수 있는데, 허균 역시 양명학적 사유를 가졌던 인물로 평가받고 있음이 이를 방증한다.

희로애락을 지닌
불완전한 존재이기에 인간이다

《대학》에 성냄[忿]이라는 항목이 있는데, 여기에 대해 제자가 질문했다. 양명 선생이 다음처럼 말씀하셨다.

"성냄과 더불어 두려움, 좋아함, 걱정 등을 사람의 마음에서 어떻게 없앨 수 있겠는가? 다만 그런 감정들을 가져서는 안 될 뿐이다. 일반 사람들은 화가 나면 그것에 집착하여 지나치게 분노하니, 공정하고 밝은 마음의 본체를 크게 잃어버리고 만다. 그러므로 화가 나는 바가 있어도 그 올바름을 잃어버려서는 안 된다. 예컨대 지금 화나는 일이 있다면, 다만 그 일에 순응해서 어떤 마음의 집착도 갖지 말아야 마음의 본체가 크게 공정하게 되어 그 본체의 올바름을 얻을 수 있게 된다."[전습록 하, 34조목]

유교에서는 희로애락과 같은 인간 감정을 전면으로 부정하지는 않는다. 그러나 성리철학에서 말하는 감정에 대한 개념은 상당히 부정적이었던 것만큼은 사실이다. 인간의 감정은 수시로 변하기도 하며, 그 상황에 시의적절하게 맞아떨어진다는 보장이 없기 때문이기도 하다. 이것이 바로 감정을 신뢰할 수 없는 단적인 이유이다. 그렇다고 하여 성리철학은 보편타당한 '이성'만 믿을 수 있다는 서양철학의 논리와도 사뭇 다르다. 또한 인간의 감정은 '나'라는 집착에서 생겨난 허상일 뿐이라고 인식하는 불교와도 다르다. 그런데 왕수인은, 인간이야말로 불완전한 감정을 소유하고 있기 때문에 인간이 인간다울 수 있으며, 나아가 성인군자로까지 발전할 수 있는 가능성을 지닌다고 보았다.

그런 이유로 분노, 성냄이라는 감정조차도 무조건적으로 없애야만 하는 감정으로 인식하지 않는다. 감정이 없으면 무생물이나 기계일 뿐이지 인간이라고 할 수 없다. 문제가 되는 것은 분노 자체가 아니라 분노를 일으키는 과정에서 나도 모르게 상대방을 미워하는 마음에 집착한다는 점이다.

기본적으로 분노 자체는 좋은 것도 나쁜 것도 아니다. 예를 들어, 잘못된 정치로 인하여 길거리에서 사람들이 죽어 간다면 의식 있는 똑똑한 지성인들은 당연히 분노를 느낄 것이며, 이러한 분노는 오히려 일어나야 마땅하다. 또한 몇몇 사람이 차지하고픈 욕망 때문에 이익을 위한 전쟁을 일으켜 국민들이 고통을 받게 된다면, 마땅히 비분강개하고 분노를 일으키는 것이 진정한 유자의 도리이며 인간의 도리라고 여길 것이다. 이런 종류의 분노를 유교에서는 '공분(公憤)'이라고도 한다.

다만 상황에 따라서 분노는 정당화될 수도 있지만, 분노하는 나의 마음에 집착하다 보면 상대방의 존재 자체를 미워하게 되고, 결국 나의 참된 마음조차도 상실하기가 쉽다. 내가 분노하게 된 이유는 나의 진실한 마음으로 용납할 수 없는 비인간적인 상황 때문이었다. 하지만 그런 나쁜 짓을 저지른 상대방이라 하더라도 그 역시 나와 다른 남남이 아니다. 그러므로 죄는 미워하되 인간은 미워하지 말라는 말이 나온 것이다. 나쁜 행위는 용납될 수 없고 용납해서도 안 되지만, 미워하는 마음에 지나치게 집착하다 보면 결국 나의 진심 또한 잘못되어 인간으로서의 도리를 벗어날 수 있음을 주의해야 한다.

4장

만물일체

'만물일체(萬物一體)'라 하면 문자 그대로 세상에 있는 모든 것이 하나라는 뜻이니, 다소 의아하게 받아들일 수도 있다. 그러나 동양사상에서 만물일체라는 용어는 인간과 자연과의 밀접한 관계를 드러내는 중요한 주제 가운데 하나다. 즉, 인간과 만물이 동일한 존재 가치를 가지고 있다는 말이다. 이 용어는 애초 《장자》에서 비롯되었으나, 주희의 스승 가운데 하나였던 정호가 강조한 바 있으며 이후 왕수인이 다시 논리를 만들어 강조하게 된다.

　왕수인은 맹자가 말한 "만물은 모두 나에게 갖추어 있다[萬物皆備於我]."라는 말에 근거하여 '천지만물의 존재가 내 마음 가운데 존재'한다고 인식했다. 마음 밖에 있는 별도의 이치나 사물이 존재하는 것이 아니라고 이해한 셈이다. 존재의 동일성을 강조하는 그의 만물일체 학설은 인간과 만물의 차별을 강조하는 관념들을 부정하는가 하면, 인간의 동일성과 평등성을 실천하려는 사회 개혁론으로 파급된다.

　이 장에서는 그의 만물일체 학설을 통해 양명 왕수인이 세상을 어떻게 변모·개혁시킬 수 있었는지 찾아내 보자.

내 마음이 머무는 곳

　양명 선생이 남진이라는 곳에 놀러 갔는데, 그때 어떤 제자가 꽃나무를 가리키면서 질문했다.

　"선생님께서는 늘 말씀하시기를 '마음' 이외에는 아무것도 없다고 하셨습니다. 그런데 여기 피어 있는 꽃나무는 아무도 보지 않는 산속 깊은 곳에서 홀로 피었다 지는데, 그것이 내 마음과 무슨 상관이 있다는 것입니까? 내 마음이란 내 가슴속에서만 존재하는 것인데, 어찌하여 저 산중의 꽃나무와 관련이 있다는 것인지 도무지 이해되지 않습니다."

　양명 선생이 대답했다.

　"네가 지금 이 꽃을 보지 않았을 때에는 이 꽃이나 너의 마음은 전체 우주 속에 적막하게 자리하고 있었을 뿐이다. 그러나 네가 방금 이 꽃을 보았을 때에는 이 꽃의 색깔이 선명하게 일어나 다가올 것이다. 그래서 이 꽃이 너의 마음 밖에 있지 않았음을 너는 알아야만 한다." [전습록 하, 75조목]

위의 대화는 왕수인의 철학이 곧 '주관 유심론'임을 보여 주는 단적인 사례이다. 왕수인이 제자들에게 늘 강조했던 '내 마음속의 이치', 즉 심즉리 학설을 잘 이해했는지 묻는 대목이다. 그는 내 마음의 이치만 제대로 찾아내면 세상 모든 것이 자연스럽게 잘 이루어질 것이라고 가르쳐 왔다. 그런데 한 제자가 '산속에 피어 있는 꽃은 내 마음속 의지와 아무런 상관 없이 혼자 피고 지는 것이 아닌가?'라는 의문을 품었다. 왕수인은 이에 대해 다음과 같이 설명했다.

핵심적인 교지는 '나의 마음으로 인식하지 못하는 것은 의미가 없다.'이다. 우리는 길거리를 지나가면서도 수많은 사람들을 만나고 스쳐 지나가지만, 그들이 과연 나에게 어떤 의미로 자리하는지는 모른다. 그냥 내 앞에서 길을 막고 스쳐 지나가는 존재로서, 나와는 아무런 상관도 없는 그저 남일 뿐이다. 그러나 그 수많은 사람 가운데 내가 사랑하는 사람이 있다면 그 사람은 내게 이 세상 전부와도 바꿀 수 없는 소중한 존재가 된다. 그 사람이 다른 수많은 사람과 특별히 다른 점이 있어서가 아니라, 나의 간절하고 정성스러운 진심[心]이 그 사람에게 도달해 있기 때문이다. 내가 그 상대에게 진심으로 의미를 부여했을 때, 비로소 그 대상은 나에게 중요한 의미로 우뚝 선 존재가 되었다.

왕수인의 이러한 생각은 동아시아의 사상계와 문화예술계에 있어 참신한 충격으로 다가왔다. 우리나라에서도 이 이야기는 내가 그의 이름을 불렀을 때 비로소 꽃이 되었음을 노래한 김춘수의 시 〈꽃〉에서 확인할 수 있다. 내가 진심을 다하여 성심성의껏 상대방을 대할 때, 상대방은 비록 한 송이 꽃에 불과한 존재로부터 벗어나 또 다른 나의 일부가 된다는 것이다. 그리고 이를 내 마음의 이치라는 측면에서 바라보자면, 단지 꽃에만 국한되지 않고 이 세상에 존재하는 모든 것이 내 마음속 이치에 따라 얼마든지 존재 의미와 가치를 갖게 된다고 한다. 이것이 곧 그의 만물일체설이다.

왕수인은 천지자연과 인간의 마음 역시 하나의 유기체적인 결합으로 보았다. 이는 서양 고대철학자 아리스토텔레스가 말한 질료(質料)와 형상(形相)의 관계와 유사하다. 아리스토텔레스 역시 인간과 우주를 하나의 유기체적인 결합으로 인식했다. 피상적으로 보기에는 나의 마음과 자연의 일부가 전혀 무관한 것처럼 보이겠지만, 실상은 그렇지 않다. 인간도 자연의 일부로서 자연과 서로 교감하며 움직인다.

사실 자연법칙은 실로 대단하다. 해가 지면 어김없이 밤이 낮의 자리를 대신하고, 다시 해가 떠오르면 낮이 밤의 자리를 대신한다. 불볕더위를 자랑하던 여름이 지나면 어김없이 낙엽이 떨어지는 가을철이 자리하고, 곧이어 눈이 쏟아지는 겨울이 온다. 또 눈이 녹는 따스한 햇볕과 함께 만물이 소생하는 봄철로 소생한다. 자연현상이 서로의 자리를 갈마들며, 불변의 자연법칙을 보여 주는 것이다. 인간은 이러한 불변의 자연법칙 속에서 살아가기에, 이것을 흉내 내어 인간에게도 그러한 불변의 도덕법칙을 만들었다. 이것이 곧 자연과 인간의 법칙이 하나 되는 '천인합일(天人合一)' 사상이다. 천인합일이란 하늘과 사람이 하나로 합쳐진다는 직설적 뜻이 아니라, 자연을 대표하는 하늘에 자연법칙이 존재하듯, 이를 인간 사회가 경외하며 본받아 '도덕률'로 화답하는 것을 뜻한다. 마치 물이 위에서 아래로만 흐르는 자연율처럼, 인간 사회도 어린아이가 어른을 공경하는 도덕법칙으로 존재한다고 설득한다. 인간과 자연은 잠시라도 동떨어져 존재할 수 없는 관계임을 증명한 셈이다. 그 어떤 존재도 자연과 무관하게 존재할 수 없으며, 인간과 자연은 서로 어떠한 형식과 관계로든 연관성을 맺고 성장하고 또 발전할 수밖에 없다.

천지만물과 한 몸이 된다는 것

"천지만물과 인간은 본래 한 몸이다. 이러한 생각을 처음 시작하는 기관 중에서 최고로 정밀한 곳은 사람의 '마음'뿐이니, 이곳이야말로 영험하고 밝은 곳이다. 바람, 비, 번개, 이슬이나 태양, 달, 별, 별자리나 새, 짐승, 풀, 나무, 산, 시내, 흙, 돌은 인간과 더불어 본래 한 몸이다." [전습록 하, 74조목]

우리가 흔히 천지만물이라고 말할 때에는 은하계와 태양계, 그리고 동물계와 식물계 등의 자연현상을 총칭한다. 즉, 우리 인간을 둘러싼 시공간에 있는 객관적 존재들의 총체인 자연을 의미하는 말이다. 그런데 인간이 천지만물과 한 몸이라는 주장은 자연을 인간을 벗어난 객관적 세계로만 보지 않고, 인간을 포함한 존재 전체를 하나로 통합해 총체적으로 우주를 바라본다는 점을 명심해야 한다. 중요한 것은 인간을 포함한 모든 천지자연의 존재물은 그저 기계적인 운동법칙에 따라 작동하는 존재가 아니라는 점이다. 저마다 스스로의 운동법칙을 세우고, 작용과 반작용의 상호작용을 하고, 늘 변화와 변모를 꿈꾸며 선순환하는 생명력을 가진 존재다. 이와 같이 천지자연의 모든 움직임은 일정한 법칙에 따라 이루어지며, 서로에게 끊임없는 운동의 기틀을 제공하고 활발한 생명력을 불러일으킨다. 따라서 동양인들에게 천지라는 개념은 단순히 우주적·물리적 자연을 지칭하는 개념이라기보다, 자연 안에서 살아 숨 쉬는 모든 존재물들의 삶의 공간이자 현장이라는 개념이 더욱 적절할 듯하다. 동양인들이 정의하는 천지자연은 대상으로서의 개념이 아니라, 모든 존재물들이 태어나고 양육되며 서로의 존재를 확인해 주는 '삶의 마당[場]'인 셈이다.

만물일체는 생명력을 공유한다

"어린아이가 우물에 빠지려는 것을 본 사람이라면 누구나 모두 깜짝 놀라 불쌍히 여기는 측은지심(惻隱之心)을 갖게 되는데, 그것은 사람의 마음속에 있는 인(仁)이 어린아이와 더불어 한 몸이 되기 때문이다. 어린아이는 그래도 같은 종류라고 할 수 있다. 하물며 새와 짐승이 슬피 울거나 두려워하는 것을 보면 반드시 참지 못하는 불인지심(不忍之心)을 갖게 되는데, 그것은 사람의 인이 새나 짐승과 한 몸이 되기 때문이다. 새와 짐승은 오히려 지각이 있는 것이라고 하자. 풀과 나무가 꺾이고 부러지는 것을 보게 되면 반드시 가엾게 여기는 마음을 갖게 되는데, 그것은 사람의 인이 풀 나무와 함께 한 몸이 되기 때문이다. 풀과 나무는 오히려 생명의 의지가 있는 것이었기 때문이라고 하자. 기왓장이나 돌이 깨지는 것을 보게 되면 반드시 애석하게 여기는 마음을 갖게 되는데, 그것은 사람의 인이 기왓장 돌과 한 몸이 되기 때문이다. 이는 일체의 '인(仁)'이 그러한 것임을 말한다." [왕양명 전집 권26, 〈대학문〉]

이 이야기가 수록된 〈대학문(大學問)〉은 《대학》이라는 서적에 대하여 묻다'라는 뜻이 담겨 있는 서명이다. 좀 더 명확히 말하자면 왕수인 스스로 묻고 답한 형식의 자문자답에 가깝다. 이 책은 왕수인이 56세(1527년)에 썼고, 그는 이 책을 저술한 이듬해에 사망한다. 왕수인의 제자 전덕홍의 기록에 따르면 스승 왕수인이 선비들을 첫 대면할 때마다 가장 먼저 가르쳐 주는 서책이 《대학》과 《중용》의 첫 문장이었다고 한다. 《대학》과 《중용》 첫 문장은 선비가 성학(聖學)으로 입문하는 첫 관문과 같은 내용을 지니고 있으며, 또한 성리학의 근간을 살펴볼 수 있는 대목이기 때문이었다.

유교철학에서 가장 본질적인 개념은 공자의 인(仁)이다. 부인할 수 없는 사실이다. 여기서 '인'은 맹자의 '양지'로, 그리고 성리학에 접어들면서 이치[理]를 설명하는 하나의 핵심이자 본질이 되었다. 우리는 일반적으로 인을 '사랑의 마음'이라고 정의한다. 유교철학에서는 인간이라면 누구나 선천적으로 이러한 사랑의 마음을 발휘할 수 있다고 생각했다. 《맹자》에서는 그것을 인간에게는 누구나 '차마 어쩌지 못하는 마음' 또는 '측은하게 여기는 안타까움'이라고 환언하였다. 불인지심(不忍之心)이 바로 이것이다. 차마 어쩌지 못하는 마음이나 측은하게 여기는 안타까움을 잘 키우기만 하면, 온전한 사랑의 마음을 완성시킬 수 있다고 하였다. 그래서 《맹자》에서는 이것을 인의 실마리라고 한다. 실패에 감긴 실을 쓰려고 할 때 실마리의 한 부분을 잡

142

아 내면 실을 풀어 쓸 수 있듯이, '실마리'라는 말은 사랑을 베풀 수 있는 마음의 시작점, 즉 '첫 가능성'을 의미한다. 《맹자》에서 이러한 사랑의 마음의 실마리에 대해 설명하면서 예로 든 것이 우물에 빠지려고 하는 어린아이의 예다.

우리는 항상 바쁘게 살아가면서 주변의 다른 사람들에 대해서는 '남'이라고 생각하며 무관심하게 대하지만, 우연히 지하철에서 헛발을 디뎌 역사 아래로 떨어질 것 같은 사람을 보면 덜컥 놀라면서 '저러면 안 되는데, 어떡하지?' 하는 마음을 갖게 된다. 《맹자》에서는 이런 경우에 아무것도 모르고 우물가에 엉금엉금 기어가 빠지려는 갓난아이를 떠올려 보라고 한다. 그 아이는 나와 아무 상관없는 사람이지만, 사람이라면 누구나 그 광경을 보고서 놀라움이나 안타까운 마음을 갖지 않을 수 없을 것이다. 그런 까닭에 《맹자》에서는 '안타까움' 속에 우리가 인간다운 모습을 회복할 수 있는 희망이 있다고 보았다. 위험에 빠지려는 사람을 보고 마치 내 몸처럼 내 가족처럼 느낄 수 있을 때, 사랑의 마음인 '인'이 발휘하였다고 할 수 있다.

왕수인은 여기에서 더 나아가 동물·식물·무생물에게까지로 이러한 사랑의 범위를 확장했다. 사람이기 때문에 다른 사람의 실패와 잘못에 안타까운 마음을 갖는 것은 당연하지만, 만일 강아지가 겁에 질려 우는 소리를 낼 때 그 소리를 들은 사람 중에 마음이 아프지 않은 사람은 거의 없을 것이다. 그런데 또, 동물은 인간처럼 움직이며 아픈 것을 감각으로 느낄 수 있기 때문에 우리가 동물의 고통을 쉽게 공감할 수 있다고 치자. 꽃이 꺾여 있거나 짓밟혀 있는 모습을 보았을 때 마음이 불편한 이유는 또 무엇 때문일까? 식물도 우리 사람처럼 씨에서 발아하여 꽃이 피고 시들며 죽어 가는 생명체이므로 쉽게 공감할 수 있다고 치자. 무생물인 돌이나 건물이 폐허가 되어 있는 모습을 볼 때, 우리 마음이 편치 못함은 무엇 때문일까? 그렇다. 왕수인은 우리 마음속에 있는 사랑의 마음이 나 개인뿐만 아니라 모르는 사람과, 동물과, 식물과, 무생물에게까지 모두 미친다고 인지하였다.

현대사회에서 인간은 나와 관계없는 자연물에 대하여 무관심하게 지나칠 수 있다. 그러나 인간 본연의 마음속 깊은 곳에는 동식물은 물론이고 무생물과도 교류하며 생명의 단초를 공유할 수 있는 마음을 가지고 있다. 동양사상에서 만물일체를 이룰 수 있는 인심(仁心)이라고 칭하는 것이다. 즉, 인간이라는 존재는 모든 객관 세계의 존재물과 서로의 감정을 공유하는 통각(痛覺) 현상을 가질 수 있다는 것이다. 왕수인은 이러한 통각을 느끼는 마음이야말로 인간의 극단적이고도 이기적인 본능적 욕망과는 대립되는 마음으로서, 인간 순수 본연의 참된 본성이라고 말한다. 이러한 인간의 순수 본연의 마음은 결국 우주 자연의 모든 존재물과 한 몸이 되는 진실한 생명력을 뜻하며, 우주 자연물과 인간이 서로 동떨어져 살지 않고 어떠한 형태로든 상호 간 유기체로 공생할 수 있는 연결고리로 인식된다.

모든 것을 이어 주는 사랑의 마음

"나의 부모를 사랑하는 마음을 미루어 다른 사람의 부모에게 미치고, 나아가 천하 사람들의 부모에게 미친 뒤에야 나의 인(仁)이 나의 부모, 다른 사람의 부모, 천하 사람들의 부모와 더불어 실제로 한 몸이 되는 것이다. 실제로 그들과 한 몸이 된 이후에야 효와 같은 밝은 덕성이 비로소 더더욱 밝아지게 되는 것이다. 임금과 신하, 남편과 아내, 친구 사이부터 산과 시내, 새와 짐승, 풀과 나무까지 실제로 이들을 사랑해 나의 일체의 인이 도달하지 않음이 없는 연후에야 나의 밝은 덕성이 비로소 밝아지며, 진실로 천지만물과 내가 하나가 될 수 있다." [왕양명 전집 권26, 〈대학문〉]

유교에서는 내 가족을 사랑하는 골육지친(骨肉之親)의 사랑과 정(情)을 매우 중요시한다. 이것은 묵가에서 말하는 "널리 모든 사람을 자신의 부모처럼 사랑하고 아끼자"라는 겸애주의(兼愛主義)와는 사뭇 다르다. 아울러 춘추전국시대 사상가 중 한 사람이었던 양주(楊朱)의 위아주의(爲我主義)와도 완전히 다르다. 양주의 위아주의는 말 그대로 자신만을 위하는 철저한 개인주의 또는 이기주의 성향에 가까운 사고방식이다. 반면 묵자의 겸애주의는 위아주의를 철저하게 배격한다.

그런데 엄격히 들여다보면, 이 두 사상가의 사유 구조는 다소 편협하다. 그래서 한쪽에서는 자신의 부모도 못 알아보고 섬길 줄 모르는 녀석들이 어떻게 모든 사람을 널리 사랑할 줄 아느냐고 비판하는가 하면, 또 한쪽에서는 대승적 차원의 사랑을 모른 채 그저 자기만 위하고 자기 가족만을 사랑하는 편벽된 자들이라고 상대방에게 손가락질을 해 댄다.

이에 비하면 공자와 맹자를 위시하는 유가의 사유 구조는 양쪽 사고를 절충하고 있음을 보여 준다. 즉, 자기 부모님을 친근하게 느끼고 사랑하는 마음[親親]부터 갖게 되면, 나아가 다른 사람의 부모님도 사랑[愛人]할 줄 알게 되고, 더 나아가 세상 모든 사람의 부모님까지 사랑하게 될 수 있다. 예컨대, 지하철에서 힘들어 하는 할머니를 보고 마치 우리 할머니나 어머니의 모습이 떠올라 안타까운 마음에 자리를 양보할 수 있는 것처럼, 다른 사람의 부모님에게까지 사랑의 마음을 넓힐 수 있다는 것이 유교에서 가장 강조하는 '인'의 실현 과정이다. 결국 효도라는 것도 내 부모님을 사랑하는 마음에 그치는 것이 아니라, 내 부모님과 비슷한 연세를 지닌 다른 사람들의 부모님에게까지 확대할 수 있어야 한다는 것이다. 이렇게 되었을 때 내 가족만을 아끼는 가족 이기주의에서 벗어나 겸애의 세상으로 나아갈 수 있다. 효가 공경으로, 공경이 겸애로 확대 재생산되어 가는 과정과 동일하다.

이렇게 내가 가지고 있는 진실한 사랑의 마음이 넓게 확충되면서, 다른 사람도 마치 나와 한 몸인 것처럼 기쁜 일은 함께 즐거워하고 힘든 일은 함께 슬퍼해 줄 수 있을 때 세상의 '밝은 덕'이 환히 비칠 수 있다. 이것이 곧 공맹유학이 그토록 추구하는 이상적인 세상이라고 왕수인은 주장한다.

내 안에 있는 사랑의 마음이 다른 사람에게까지 전해져 나와 한 몸인 것처럼 느낄 수 있다고 했지만, 왕수인의 생각에 따르면 여기에 그쳐서도 안 된다고 한다. 사람의 마음은 자신을 에워싼 동물과 식물, 심지어 무생물에게까지 어떠한 형태로든 그 마음의 영향력이 미치고 있음을 생각해야 한다는 것이다. 남을 내 몸처럼 느낄 때, 기왕이면 어려운 처지에 있는 사람이 더 행복하게 잘 살았으면 좋겠다는 마음이 생기는 것처럼, 내 주변의 다른 동물과 식물에 대해서도 그러한 마음이 피어나야만 한다. 북극에서 죽어 가는 생물이나 아마존에서 불타 없어지는 숲을 보며 하나뿐인 지구에 대한 애틋한 마음이 싹트듯이 말이다. 이 같은 차원에서 왕수인은 무생물에까지 이러한 마음이 확대되어야 한다고 생각했다. 내가 가진 사랑의 마음을 잘 발견하고 간직할 때, 나 개인만이 아니라 온 세상의 천지만물이 모두 나와 하나임을 알 수 있게 된다는 의미다.

왕수인의 이러한 인간과 자연의 관계성을 고려하는 자연관은 환경 파괴가 심해지면서 여러 문제에 시달리고 있는 현대사회에 양명학이 매우 필요함을 부각시키고 있다. 우리 인류는 오직 자신들만의 편의를 위한 일념으로 무분별하고 무차별할 정도로 '개발'에만 박차를 가하여 왔다. 이 과정에서 지구는 온갖 몸살을 앓게 되었다. 나 아닌 자연물, 즉 지구라는 존재에 대하여 매우 무념했다. 아니 우리 주변 환경을 이루고 있는 자연은 모두 인류가 정복해야만 하는 대상이었고, 자신들의 행복과 편의를 위한 수단에 불과했다. 즉, 지구를 개발을 위한 천연자원의 보고(寶庫)이자 저장 탱크로, 또한 개발할 수 있는 무한한 대상으로 바라본 셈이다. 또 개발 후에도 소모된 쓰레기와 오물을 버릴 수 있는 곳으로 생각했다. 그러나 지구 환경이 파괴되면서 결국 인간의 삶도 위협받게 되었고, 그 결과 사람들은 다시 환경에 대해 고민하고 있다. 그러나 이러한 고민의 한계는 여전히 인간이 살아남고자 지구 환경을 보호해야 한다는, 자신만을 위하는 위아주의적 사고에 그치고 있다. 인간의 행복한 삶과 상관없다면 지구의 동·식물과 환경은 아무런 의미도 가치도 없다는 태도다.

반면, 양명학에서는 인간은 본래부터 만물과 한 몸이라는 만물일체의 사고를 지향해 왔다. 마치 손톱에 가시가 박히면 내 몸과 마음 전체가 괴로운 것처럼, 다른 존재물이 행복할 수 없다면 나 역시 행복을 느낄 수 없다고 여겼다. 따라서 양명학에서는 인간이 원래 자연 생태계와 밀접한 연관성을 지닐 수밖에 없는 존재물임을 망각해서는 안 된다고 주장한다. 인간은 여타의 존재물들과 고립되거나 단절된 상황에서는, 자신이 원하는 그 어떤 것도 실현시킬 수 없는 존재물이다. 나를 사랑한다는 것은 나의 육체만이 아니라 나의 느낌과 감정, 내가 경험하는 사람들과 일들 모두를 받아들이고 사랑한다는 것이다. '나'라는 존재는 내 몸만을 가리키는 것이 아니며, 나의 감정과 정서와 마음도 나의 한 부분이므로 그런 감정과 정서들은 '관계'라는 그물망에서 생겨나는 것이다. 따라서 나를 둘러싼 부모님과 가족 역시 나의 삶과 나의 인생을 구성하는 존재다. 이와 더불어 내 주변의 사람들, 동식물, 그리고 모든 존재물까지도 마찬가지다. 이는 인간을 포함한 모든 자연 생태계의 존재들 역시 관계성의 사유 구조 속에 살고 있으며, 이러한 관계라는 체제와 그물망 속에서 인간은 스스로를 돌아보고 되찾아야 한다고 왕수인은 역설한다.

사랑에 두텁고 얇음이 있는 이유

서애가 여쭈었다.

"사람과 우주가 한 몸이라면 왜 《대학》에서는 '두텁거나 얇다'라는 후박(厚薄)의 차이를 설명했습니까?"

양명 선생이 대답했다.

"인간과 자연이, 사람과 우주가 똑같이 하나라고 하여 모두 같을 수만은 없다. 더 소중한 것이 있으면 덜 귀중한 것이 있는 것이 자연의 이치다. 그래서 '후박'이라는 용어가 보이는 것이다. 예컨대 우리의 몸에 대해 생각해 보자. 누군가가 내 머리를 때리려 하면 우리는 손으로 막는다. 그래서 손과 발은 머리와 눈을 지켜 주는 역할을 한다. 그런데 왜 우리는 손과 발을 박한 것으로 보려 할까? 머리와 손발은 한 몸이라고는 말할 수 있지만, 각각의 역할과 책임 그리고 도리가 다르기 때문이다.

마찬가지로 새와 짐승, 나무와 풀 사이에서도 이와 같은 논리가 성립한다. 새와 짐승, 풀과 나무 모두 자연이며 우주의 일부로 다 같이 한 몸이라고 할 수 있지만, 새와 짐승에게 풀과 나무를 먹이는 것은 그 자체로 후박이 있기 때문에 우리는 그대로 받아들인다. 새나 짐승, 사람 모두 우주의 하나로서 존귀한 존재이므로 모두 사랑해야 하지만, 우리가 새나 짐승을 잡아서 부모님을 봉양하고 제사를 지내며 손님을 접대하면서도 우리 마음은 그것을 그대로 받아들이는 것과 같다." [전습록 하, 76조목]

여기에서는 왕수인이 공맹유학의 근본정신이 무엇인지를 일깨워 준다. 공자의 유학 사상이 갖는 가장 큰 특징은 서로를 인정하고 배려하면서도, 그 출발점은 언제나 인간의 욕망과 본능을 인정함에서부터 출발한다. 가령 여기에 먹을 음식은 하나뿐인데, 먹어야만 살 수 있는 사람은 내 부모님을 비롯하여 몇몇 노인이 있다고 가정해 보자. 그럴 경우 유학에서는 다른 노인과 내 부모와의 차별적인 사랑, 즉 차별애(差別愛)를 기본적으로 인정한다. 《논어》에서는 이를 '먼저 가까이 있는 내 부모를 사랑한다. 그러고 나서 점차 이웃, 그리고 먼 일반 백성을 사랑한다'라는 의미로 표현하고 있다. '어버이를 먼저 친애하고 그리고 그 마음을 미루어 다른 사람을 사랑할 줄 알아야 한다'라는 친친이애민(親親而愛民)이 바로 이를 뜻하는 말이다. 반대로 묵가에서는 남의 부모나 나의 부모나 똑같이 사랑하고 섬겨야 한다고 주장한다. 이것이 묵자의 겸애주의 사상이다. 그런데 《맹자》를 보면 묵가의 이러한 논리를 냉정하게 비판한다. 자신의 부모가 사망했는데도 장례를 치르지 않고 그 주검을 방치하여 구더기와 썩은 냄새가 나고 있는데도 그의 자식은 오직 다른 사람을 더불어 사랑해야 한다고 떠들고 다니는 모습에서, 과연 저러한 사람이 인간으로서의 도리를 다했다고 감히 자신 있게 말할 수 있느냐는 것이다. 타인을 사랑하지 말라는 것이 아니라, 최소한 자신을 낳아 주고 길러 주며 뼈를 깎아 내는 삶을 살다 간 부모에 대한 애틋한 마음이 먼저라는 의미다. 그 이후에 얼마든지 타인을 사랑하여도 늦지 않음을 강조한다.

공맹유학은 존재가 모두 동일한 가치를 지닌다 할지라도, 차별적인 사랑을 인정하는 데에서부터 출발한다. 사람이라면 기본적으로 남의 부모보다는 자기 부모에게, 남의 자식보다는 자기 자식에게 더 소중함을 느낀다. 이것이 인지상정(人之常情)이다. 묵가에서는 이런 생각을 가족 이기주의처럼 치부하며 부정적인 견해를 취하지만, 유가에서는 그렇지 않다. 이러한 인간의 자연스러운 감정에서 출발하여 점차 사랑의 감정을 확대해 나가는 것이 더 자연스럽고 파급력이 강하다고 보았다. 이런 자연스러운 감정을 부정해 버리면, 진정한 사랑이 무엇인지조차 알 길이 없기 때문이다. 당시에도 묵가의 학설은 세간에서 어느 정도 훌륭하다는 평가를 받았지만, 모든 사람이 이런 박애의 감정을 가질 수는 없다는 것이 현실론이었기 때문에 점차 사람들의 관심으로부터 멀어지고 만다.

궁극적으로 인간 모두가 평등하고 존귀한 존재임은 틀림없다. 그러나 내 부모가 더 친근하고 소중히 느껴지며, 남보다는 우리 가족에게 더 정감으로 다가갈 수 있는 차별애를 갖게 되는 것은 당연하다. 공맹유학에서는 이를 자연의 도리에 합당하다고 인정하면서도 《대학》에서는 '후박'이라는 말로 표현한 이유가 바로 여기에 있다.

사민평등, 평등한 사회를 꿈꾸며

"옛날에는 사농공상이라 하여 네 분류로 사회적 지위를 나누었는데, 이 네 가지 계층이 직업은 서로 달랐지만 근본적인 도(道)는 동일했다. 선비이건, 농부이건, 기술자이건, 상인이건 마음을 다한다는 점에서 보면 똑같았다. 선비는 다스리는 일을 하고, 농부는 양식을 생산하는 일을 하고, 기술자는 기구를 만드는 일을 하고, 상인은 화폐를 통용시켰다. 각각 자기들의 자질에 가깝고 제각기 힘이 미치는 일을 직업으로 삼아 온 마음과 온 힘을 다해 마치 한집안의 일처럼 했다. 그 결과, 궁극적으로 사람이 살아가는 길에 이로움을 주는 쪽으로 흘러갔는데, 이런 점에서 보면 근본적으로 모두 동일했다. (중략)

그런데 올바른 정치가 사라지고 학문이 왜곡되자, 사람들이 본래 간직하고 있는 참된 마음을 잃어버리고 서로 앞다투며 이익만을 쫓고 이리저리 치달리게 되었다. 그 때문에 정치를 하는 선비를 부러워하고, 관리가 되어 이곳저곳에서 벼슬살이 하는 것을 명예롭게 숭상하며, 농부를 천시하고, 기술자와 상인이 하는 일을 부끄럽게 여겼다. 그러나 그 실제 상황을 살펴보면, 시기를 잘 포착해 이익을 쟁취하는 방면에

154

서는 관리들이 농부나 기술자나 상인들보다 더욱더 심했다." [전습록 중, 142~144조목]

왕수인의 생각에 따르면, 사농공상의 직업이 출발하는 저점에서는 인간의 삶을 이롭게 하려는 차원에서 분화되었을 뿐, 사람들 간의 계급이나 계층을 나누어 서로를 지배하고 우위에 서려고 했던 것은 아니다. 예컨대 요순시대 때 존재했던 신분제도를 보면, 그 시절에도 왕이나 귀족을 제외하면 선비·농부·기술자·상인으로 나뉘었지만, 이 네 부류의 일은 모두가 행복하게 살 수 있는 역할 분담의 경계에 불과했다. 그리고 그 역할의 상호작용은 인간 사회를 풍요롭게 만드는 에너지와 같았다. 제각기 하는 일은 달랐을지 몰라도, 모두가 이 사회에 필요하고 중요한 일이라고 인식하였기 때문에 각자 능력이나 소질, 적성 등에 따라 맡은 바 임무를 다하는 것이 도리라고 생각했을 것이다.

그런데 후대로 오면서 정치가 엉망이 되고, 이에 따라 본래의 미풍과 전통적 도덕관이 왜곡되면서 점차 사회 구성원들의 생각도 바뀌었다. 다 같이 서로 존중하며 인간답게 사는 사회가 아니라, 남을 짓밟고 자기의 이익만을 좇는 자가 살아남는 약육강식·적자생존의 세상이 된 것이다. 수단과 방법을 가리지 않고 자기 이익만을 추구하는 것이 모든 사람들에게 당연하고 자연스러운 것으로 받아들여지다 보니, 사람들은 태어날 때부터 자기 마음속 깊은 곳에 있는 본심을 잊어버렸다. 본래부터 가지고 있던 마음이란 모든 존재를 사랑하고 존중하는 마음일 터인데 말이다. 이런 마음과 감정들을 무시하고 외면한 결과, 사람들은 직업에서도 수단 방법을 가리지 않고 더 많은 돈과 더 많은 권력을 움켜쥘 수 있는 계급으로 신분 상승을 원했고, 성실한 육체노동을 통해 살아가는 농부나 기술자, 상인을 경멸하게 되었다.

하지만 지식을 배운 관리들이 겉으로는 점잖은 척하지만, 그 실제 모습을 들여다보면 각종 부정부패와 뇌물 등 더럽기 그지없는 짓을 서슴지 않고 있는 것이 우리네 현실이다. 이런 현실을 고쳐 나가려면 엉망이 된 정치나 잘못된 제도를 바로잡는 것도 필요하겠지만, 무엇보다도 내 마음속에 있는 '진심'을 저버리거나 외면하지 않는 기초적 학문 수양부터 시작해야 한다는 것이 왕수인의 지적이었다.

참된 나의 완성

《논어》〈술이〉편 "도(진리)에 뜻을 두다[志於道]."라는 문장에 대해 제자가 질문했다. 이에 양명 선생께서 말씀하셨다.

"'도에 뜻을 둔다'라는 말의 뜻은, 그 아래에 있는 몇 마디의 구절을 모두 연결해 이해해야 한다. 이 한마디 용어만으로는 독립된 의미를 알 수 없다.

이것을 집을 짓는 것에 비유해 보면, 도에 뜻을 둔다라는 말은 땅을 고르고 재료를 수집한 후에 목수를 데리고 와서 집을 지으면 집이 만들어진다는 의미다. 그다음에 나오는 '덕에 의거한다[據德]'라는 말은 집을 짓고 나면 내부에 벽을 세우고 칸막이를 하여 방마다 필요한 공간을 만듦으로써 사람이 들어가 살 수 있을 정도로 설비하는 것을 뜻한다. '인에 의지한다[依仁]'라는 말은 이렇게 된 집에 사람이 이사해 들어오는 것, 즉 사람이 살아가면서 다시는 집을 떠나지 않는 것을 의미한다. '예에서 노닐다[遊藝]'라는 말은 마당에는 꽃을 심고 집 안에는 그림을 그려 넣는다는 의미다. 다시 말하자면 집 안을 아름답게 꾸미는 것을 뜻한다.

예(禮)란 의로움이며 도리가 마땅하도록 만들어 주는 원리이다. 비유하자면 집을 합리적으로 꾸미고 살기 좋은 분위기로 만들어 나가는 일들, 시를 읊고, 글을 읽고, 거문고를 켜고, 활쏘기를 하는 것과 같은 것들이 여기에 속한다. 이런 것들은 모두 사람이 외부와 조화를 이루기 위해 습관처럼 도에 익숙해지도록 하는 데에 필요하다. 집을 짓지도 않고 '예'에서 노닐기만 한다면 정신없는 사람이 집을 짓지도 않고 그림만 사다가 걸어 놓는 것과 같다. 이는 겉치레에 지나지 않으니, 어느 곳에 그림을 걸려고 하는지를 도대체 알 수가 없다." [전습록 하, 40조목]

이 장의 내용은 하나의 인간이 완성되어 가는 과정을 집 짓기에 비유하여 설명하고 있다. 전통 유교에서 가장 우선시하는 부분은 학문과 진리에 본인의 의지를 심어야 한다는 점이다. 그렇게 되면 나 자신에 대한 마음의 의지[心志]를 굳건히 세워서 매사를 올바르게 시작할 수 있기 때문이다. 그렇게 하고 난 다음에는 마음속에 간직한 의지를 가꿀 수 있도록 좋은 덕성을 함양하고, 내가 하는 모든 행위는 이러한 훌륭한 덕성에 따라 드러나야 한다. 이렇게 되면 나 자신에 대한 마음속 심지가 실천으로 완성되어 그 어떤 타자를 만나더라도 사랑하는 정신과 배려하는 마음을 베풀 줄 알게 된다. 이러한 경지를 '인(仁)의 세계로 들어간다'라고 말한다.

그다음의 마지막 경지는 나와 타자, 나아가 인간 세계가 모두 함께 어울리는 예술의 아름다움을 공유하는 것이다. 이러한 일련 과정이 바로 심미적 감수성을 기반으로 하여 나아가게 되는 인의 실천이라고 할 수 있다. 그래서 공자는 일찍이 "내가 하고 싶지 않은 일을 남에게 시키지 마라[己所不欲勿施於人]."라고 했다. 나와 타자의 건전한 관계는 자신을 완성하면서 남들과 더불어 살고자 하는 상생의 정신, 즉 사랑의 정신이 있어야 가능하다는 논리다.

대인과 소인은 어떻게 다른가

"대인(大人)은 천지만물과 일체를 이루는 사람이다. 또한 대인은 천하를 한집안으로 여기고, 온 나라 사람들을 자기 자신과 같이 여긴다. 만약 외형적인 것을 근거로 너와 나를 분류하면 이는 소인(小人)의 행위다. 대인이 천지만물과 일체를 이룰 수 있는 것은 대인이 의도적으로 그렇게 하기 때문이 아니라 원래 그 마음의 인(仁)이 천지만물과 일체이기 때문이다. 어찌 대인만이 그러하겠는가? 비록 소인이라 할지라도 그 마음은 대인과 마찬가지인데, 그가 단지 스스로 소인과 같은 행동을 할 뿐인 것이다." [왕양명 전집 권26, 〈대학문〉]

대인이란 글자 그대로 '큰 사람'이다. 몸집이 크다는 뜻이 아니라 도덕적으로 의연하며 성품이 올곧고 강직한 사람을 뜻한다. 왕수인은 이러한 대인이 천지만물과 한 몸을 이룰 수 있다는 의미를 설명하고 있다. 그 방법은 무엇일까? 대인은 나 아닌 대상, 즉 다른 사람들이나 만물을 나와 다른 존재가 아니라 내 몸처럼 여기고, 그러한 진심으로 나 아닌 상대의 것들을 대하기 때문이라고 한다. 일반적으로 우리는 육체가 서로 다르기 때문에 '나'와 '너'는 서로 다른 존재라고 생각한다. 하지만 이런 생각은 왕수인의 철학에서 봤을 때 소인배의 사고방식에 불과하다. 대인의 관점에서 본다면 너와 내가 같은 존재이기 때문에, 너를 이기고 나만 잘된다거나, 혹은 너와 비교하여 내가 잘났다는 생각을 가지지 않는다.

그런데 이런 관점은 대인이 의도적으로 노력하여 얻을 수 있는 것이 아니다. 우리 마음속에 있는 사랑의 마음을 제대로 인식하고 이것을 자연스럽게 확충해 나갈 때, 모두가 하나됨[一體]을 알게 된다. 가령 내가 경기장에서 어느 한 선수를 응원하고 있을 때를 생각해 보자. 우리 팀을 응원하는 사람들은 모두 또 다른 나의 일부로 느껴진다. 또 체육관에서 공연하는 연예인에게 열광할 때 함께 열광하는 다른 팬들도 또 다른 나로 인식되며, 환호받는 연예인조차도 또 다른 나로 받아들여진다. 대인의 마음속에 있는 사랑도 이와 같은 것이다.

그렇다면 반드시 대인만 이런 마음을 느끼는 것일까? 결론적으로 인간이라면 누구나 다 사랑의 마음이 있기에, 모두 대인과 같이 행동할 수 있음을 알아야 한다. 단지 대인은 대인다운 마음을 평소에 잘 발휘할 뿐이고, 소인은 자신의 욕심이나 사리사욕에 빠져 그 본연의 마음을 잊어버리고 팽개쳐 둘 뿐이다. 따라서 소인이 대인이 되려는 공부도 특별한 무엇인가를 배우고 덧붙이는 것이 아니라, 마음속 깊은 곳에 본래부터 있는 사랑의 마음을 되살리는 일일 뿐이다.

누구나 성인군자가 될 수 있다

양명 선생께서 말씀하셨다.

"《중용》에 따르면 '세상에서 가장 지극한 성인들만이 총명과 예지를 지닌다.'라고 한다. 예전에는 어쩌면 이렇게 현묘한 말이 있을까 생각했다. 그런데 지금에 와서 생각해 보니, 총명과 예지는 본래 인간이라면 누구나 갖추고 있는 것이지 않겠느냐! 귀는 원래부터 밝게 듣고[聰] 눈은 원래 밝게 보며[明] 마음과 생각은 원래 깊은 지혜[叡智]를 지니고 있다. 성인은 다만 이러한 것들을 모든 측면에서 밝고 올바른 방향으로만 행하였을 뿐이다. 이렇게 바르게 처신하도록 유도하는 것이 바로 양지이다. 보통 사람들이 완전하게 행하지 못하는 것은 다만 양지에 이르지 못했기 때문이다. 이 얼마나 명백하고 간단한 이치가 아니겠느냐?" [전습록 하, 83조목]

《맹자》에 "사람은 모두 요임금과 순임금과 같은 성인이 될 수 있다[人皆爲堯舜].'라는 문구가 있다. 아마도 왕수인은 맹자가 말했던 위의 명제를 비로소 깨달았음을 표명한 것으로 보인다. 왕수인 역시 과거에는 성인만이 진정한 지혜를 지녔다고 생각했는데, 이제는 누구나 성인이 될 가능성이 있음을 비로소 알게 되었다고 고백한다. 말하자면 인간은 태어나면서부터 누구는 성인이고 누구는 백성이며 누구는 우월하고 누구는 열등하다는 우열 구분 없이, 동등한 자격을 갖고 세상에 태어났다는 '평등관'을 내보인다. 그뿐만이 아니다. 성현의 경지는 어느 특정한 달인의 경지라고 인정받아야만 하는 것도 아니고, 또 닿지 않는 멀리에 존재하는 것도 아니다. 평범한 일반인[凡夫]도 성현이 될 수 있는 자질과 능력이 충분한데, 왕수인은 그러한 선천 능력을 양지가 가지고 있다고 한다. 다만 그 양지를 실천으로 옮길 수 있는 능력[良能]을 가지고 있으면서도, 이를 충분히 발휘하지 못하기 때문에 성현이 될 수 없을 뿐이라고 한다.

성인의 경지는 다른 것이 없다. 언제나 양지를 가지고 '올곧은 정의[大義]'만을 생각하며 전체를 배려하고 염려하는 마음으로 일관할 수 있다면, 그곳이 바로 성인의 경지다. 흔히 사람들은 자신이 이러한 엄청난 능력[良能]과 자질[良知]을 갖고 있음을 망각한다. 그래서 스스로 자질이 부족하여 그 어떠한 과업도 이뤄 낼 수 없다고 포기한다. 하지만 맹자가 말한 대로, 그것은 하지 않는 것[不爲]일 뿐, 할 수 없는 것[不能]은 아닐 것이다.

성인은 양지를 실현하는 사람이다

"'성인은 모르는 것이 없다.'라 했는데, 이는 성인이 하늘의 이치를 안다는 것이지, 이 세상의 모든 것을 다 안다는 뜻이 아니다. '성인은 하지 못하는 것이 없다.'라 했는데, 이 말도 하늘의 이치를 잘 발휘한다는 말이지 모든 것을 다 할 수 있다는 뜻은 아니다. 성인은 자기 자신의 본체를 확실히 알 뿐이다. 그렇기 때문에 모든 곳에 하늘의 이치가 내재해 있다는 것을 알 뿐이다. 하늘의 이치를 알고 그것을 실천할 뿐이다.

그러나 그것은 본체를 알고 나서 다시 천하의 모든 사물들을 다 알 수 있다거나 또는 모든 것을 다 할 수 있다는 뜻이 아니다. 천하의 사물이란 무엇인가? 문물제도나 규칙, 자연계의 식물과 동물 등 그 종류는 한없이 복잡하고 많다. 성인이 그 본체만 분명히 알 뿐이지 어떻게 천하의 사물을 다 알 수 있겠는가? 또 꼭 다 알아야 할 필요도 없다. 만일 꼭 알아야 할 것이 있으면, 알고 있는 다른 사람에게 물어보면 될 것이 아닌가?" [전습록 하, 27조목]

전통적으로 성인은 전지전능하며 위대한 사람이라고 생각해 왔다. 천지만물이 생성되고 변화하는 이치를 모두 깨달아 세상을 변화시키는 신비롭고 위대한 존재라고 생각했으며, 따라서 성인은 모든 것을 알고 모든 것을 행할 수 있다고 생각해 왔다. 하지만 왕수인은 이런 생각에 반대한다. 상식적으로 생각해도 인간이 전지전능할 수는 없다. 설사 전지전능한 존재라고 가정할지라도 모든 인간이 그렇게 될 수는 없기 때문에, 결국 대부분의 인간은 전지전능한 성인이 되기를 자포자기할 수도 있다. 그러므로 왕수인은 인간이 전지전능할 수도 없고, 그럴 필요도 없다고 말한다.

왕수인에 따르면, 성인이 아는 것은 하늘의 이치이며 성인이 실천으로 옮기는 것도 하늘의 이치일 뿐이다. 하늘의 이치라는 것도 특수한 수련이나 비결을 통해서 얻을 수 있는 게 아니라 사람이라면 누구나 마음속 깊은 곳에 가지고 있는 본체일 뿐이라고 주장한다. 흔히 도를 깨우치면 앉아서도 천 리 밖을 내다볼 수 있다거나 온갖 신통력을 부릴 수 있다는 생각이 있는데, 왕수인은 이런 생각에도 반대했다. 마음속에 있는 본체, 즉 하늘의 이치를 명확하게 안다고 해도 남과 다른 특이한 능력이 생기는 것이 아니라는 것이다. 마음공부를 하는 목적은 그런 특이한 능력을 얻으려는 것이 아니다. 인간으로서 인간답게 살기 위해서, 내가 나로서 참되게 존재하기 위함이다.

내 마음속에 있는 본체, 즉 하늘의 이치란 무엇일까? 하늘의 이치란 우주만물의 이치, 온 세상의 이치이기도 하다. 이는 다름 아닌 양지다. 즉, 태어날 때부터 가지고 있던, 원래부터 알고 있던 '인간 본연의 참된 마음'을 뜻한다. 하늘의 이치란 모든 존재물이 행복하게 존재하기를 바라는 마음이며, 모든 존재물을 사랑하는 마음이고, 이런 마음은 모든 존재물이 결국 나와 하나임을 알기 때문에 자연스럽게 선한 방향으로 움직이는 역동적이며 주체적이고 능동적인 것이다. 이렇게 원래부터 알고 있는 진실한 마음이 바로 양지인데, 성인은 이러한 양지를 명확히 알고 실천하는 참된 사람일 뿐, 세상의 모든 것에 대해 전지전능한 사람이 아니라는 것이 왕수인의 주장이다.

5장

유불도 삼교 융합

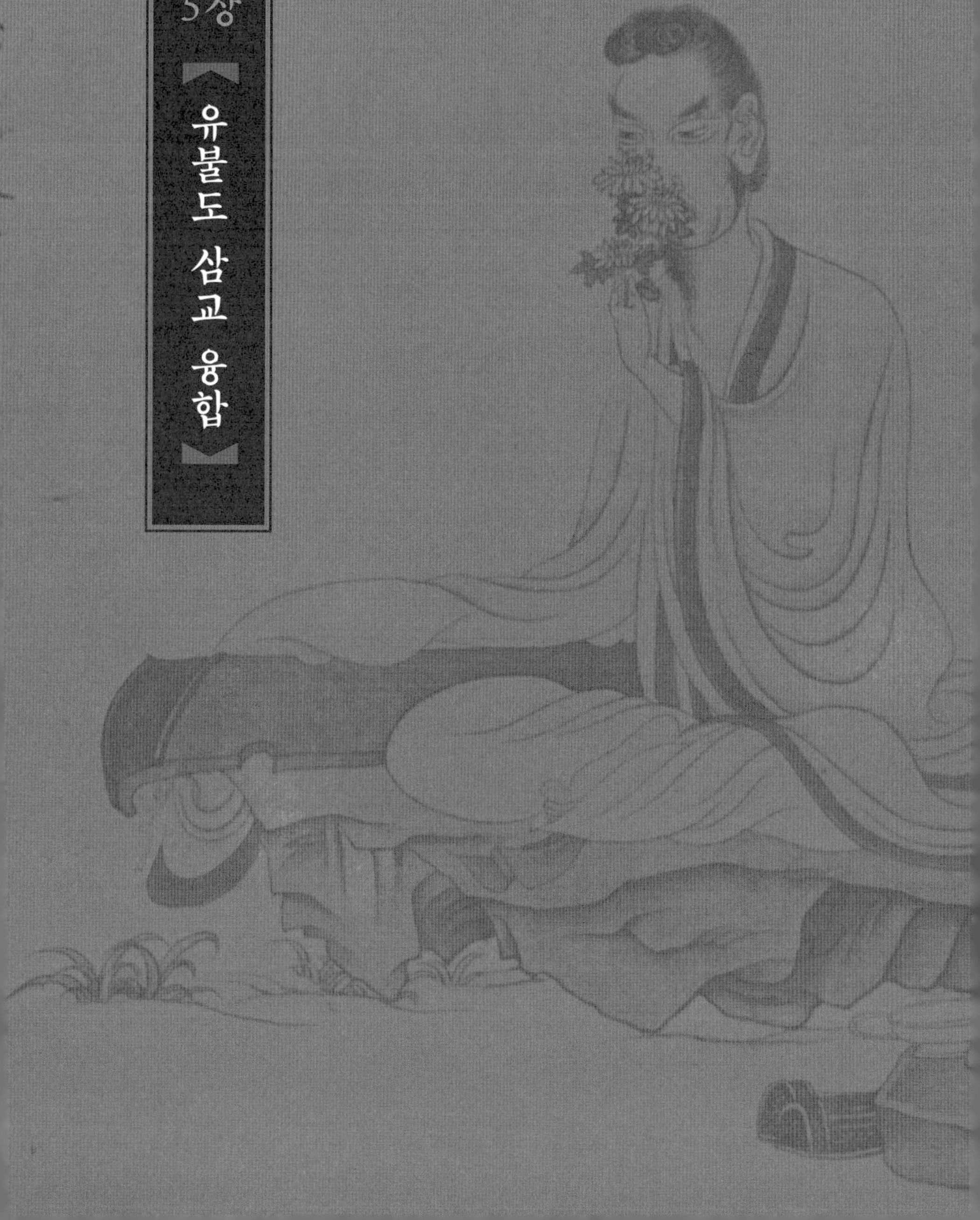

원나라를 내쫓고 천하를 장악한 명나라 태조 주원장은 새로운 통치 체제 구축을 위해 실력 있는 관료들을 양성하고자 했으며, 그 일환으로 과거 시험을 부흥시켰다. 그런데 과거 시험에 정식 교재로 채택된 것이 주희가 만든 《사서집주》였다. 주자학이 국가의 통치 이데올로기를 넘어 체제 안정을 위해 쓰이면서 그들만의 학파를 굳건하게 만들 수 있는 호기로 작용하였다.

　그러나 명나라 초기까지만 하여도 태조 주원장은 전통 유학의 오륜과 같은 덕목을 정치적으로 이용하고자 했을 뿐, 주자학의 철학사상까지 당대에 되살릴 의도는 전혀 없었다. 심지어 주원장은 주희가 불가와 도가를 이단으로 배척한 것을 비웃기라도 하듯 성리학은 세상 물정을 모르는 선비들의 이야기에 불과하다면서, 원나라 말기 전란으로 파괴됐던 불가의 사원과 도가의 도관을 복구하는 데 도움을 주기도 했다. 그러면서 나쁜 사람을 교화해 착한 사람을 만드는 데에는 오히려 부처의 힘이 필요하다며 《어제반야심경(御製般若心經)》 서문에 조칙을 내려, 인간의 마음에 대한 수양이 필요함을 역설하기까지 했다. 그러나 어찌 된 일인지, 시간이 지나면서 주자학은 명나라 초중기의 주류 사상으로 독점적 지위를 누리게 된다.

　과연 유불도 삼교와 주자학의 지위가 서로 변화하는 격동의 시기에, 왕수인이 가지고 있었던 정통과 이단의 소신은 무엇이었을까? 이번 장을 통하여 불가와 도가에 대한 그의 관점을 살펴보기로 하자.

정통과 이단은 어떻게 다른가?

어떤 사람이 이단(異端)에 대해서 질문했다. 이에 양명 선생이 답했다.

"일반 백성들과 같은 생각을 하고 있다면 이것은 똑같은 덕을 가진 것으로 정통이라 말할 수 있을 것이고, 일반 백성들과 다른 생각을 품고 있다면 그것은 이단과도 같을 것이다." [전습록 하, 71조목]

왕수인은 정통과 이단에 대한 정의를 현실적 감각에 맞추어, 허를 찌르는 듯 표현했다. 그가 정의 내린 정통과 이단의 개념은 예나 지금이나 사회를 사상적으로 지배하려던 사람들이 만들어 낸 조어이거나 용어라는 것이다. 즉 정통과 이단은 지배층이 독점 지위를 확보하고 이를 정치에 활용하고자 했던 하나의 도구에 가깝다. 위정자와 같은 지배 계층은 자신과 가치관이나 세계관이 일치하는 것을 '정통'이라 주장하고, 자신들과 반대되는 의견을 핍박하기 위하여 '이단'이라는 용어를 만들어 사용했다. 조선 건국에 통치 이념으로 내세웠던 주자학은 500년 왕조 내내 심각할 정도로 정통과 이단을 운운하였으니, 그것이 당쟁으로까지 연결되었다. 성리학 중에서 주자가례와 같이 실생활에서 적용되는 주자학 이념은 정통이라 하며, 도교나 불교, 양명학 등 그 밖의 사상과 종교집단은 모두 이단으로 간주했기 때문이다. 이단으로 규정되면 사회적으로 배척당하며 심지어는 죽음까지 맞이해야 했다. 세간의 어떤 학자는 조선사회를 비꼬면서 "글로 쓰인 법으로 죽는 사람보다, 어느 곳에도 쓰여 있지 않은 그놈의 도리[理] 때문에 체면이 구겨져 죽음에 이르는 자들이 더 많았다."라고 폄훼하기도 하였다. 그런 까닭에 주자학은 정통 사상이 되어 폐쇄적이고 편협한 사상으로 일관하였으며, 심지어 종교로서의 권위와 신앙의 지위까지 얻어 이른바 교조주의(敎條主義)의 경지에 도달하였다.

반면에 왕수인은 정통과 이단에 대해 다른 차원에서 설명한다. 그는 일반 백성과 함께할 때만 정통성을 인정받을 수 있다고 정의를 내렸다. 다시 말해 대중적인 지지를 받는 일상의 덕목이 곧 정통이며, 정통은 항상 전체와 떨어질 수 없고 언제나 전체를 생각하고 포용할 줄 알며 아우를 수 있는 마음이라는 것이다. "일반 백성과 같은 생각을 하고 있다면 정통이요, 일반 백성과 다른 생각을 품고 있다면 그것이 바로 이단"이라고 했다.

여기에서는 일반 백성이라 번역했지만, 원문에는 '어리석은 남녀'를 의미하는 우부우부(愚夫愚婦)라고 쓰여 있다. 그런데 당시 양명의 제자들은 이 우부우부를 '어린아이'라고 번역해 사용하기도 했다. 어리석은 남녀나 어린아이는 둘 다 복잡하고 세련된 지식을 가지고 있지 않기 때문에, 닳고 닳은 어른들에 비해 상대적으로 더 순수할 수 있다. 즉, 우부우부나 어린아이는 백성들 가운데에서도 때 묻지 않은 순수한 마음을 지닌 모두를 총칭하는 표현이다. 그렇다면 정통이란 어린아이와 같이 순수한 본연의 마음을 견지한 사람들의 생각을 뜻한다. 그리고 그러한 마음을 공유하며 전체를 생각하는 배려가 정통이라 규정한다. 그러므로 왕수인이 말하는 '정통'이란 전체를 생각하고 염려하는 세계관을 의미하는 것이고 '이단'이란 자신만 알고 자신의 의견만을 고집하는 편협한 작태를 뜻하는 것이니, 주자학자들이 말하던 이단과는 사뭇 차원이 다른 쪽을 지향하고 있는 셈이다.

우열의 차이보다 다름을 인정하려는 마음

"배움은 마음에서 스스로 얻어지는 것이 중요하다. 마음속에서 구해 보았지만 내 마음과 합치하지 않으면 비록 그 말이 공자가 한 말이라도 감히 옳다고 단정할 수 없다. 그런데 하물며 공자보다 못한 사람의 말이라면 말할 나위도 없을 것이다. 마음속에서 구해 내 마음과 합치한다면 그 말이 비록 일반 사람이 한 말이라 하더라도 감히 틀렸다고 단정할 수 없다. 하물며 그 말이 공자에게서 나왔다면 어떠하겠는가?"

[전습록 중, 176조목]

진리는 한 개인이 소유할 수 있는 것이 아니다. 다시 말하면, 어떤 한 사람이나 특정한 사회 집단의 주장만 절대적으로 옳으며, 자신들을 제외한 나머지 부류의 주장은 항상 틀리다는 생각은 옳지 않다. 지금이야 이런 말이 상식적으로 받아들여질 수 있겠지만, 과거에는 감히 꿈도 꾸지 못했다. 예컨대 고대 동아시아에서는 공자와 주자가 했던 말이라든지, 서양에서는 교황이나 교회에서 했던 말만 절대적으로 숭상되며 절대적으로 옳다고 수용했다. 그래서 서양에서는 황당한 마녀사냥도 유행하였고, 지동설이 틀렸다고 종교재판을 받기도 했으며, 동양에서는 사문난적(斯文亂賊)이라 하여 공자와 주자의 주장과 달리 말하면 처참하게 죽임을 당하기 일쑤였다. 그러나 왕수인은 기본적으로 이러한 도그마에 동의하지 않았다. 아니 동의할 수 없었다. 진리가 모든 존재에게 적용될 수 있는 보편타당한 것이라면, 특정한 개인이나 집단만이 항상 진리이고 정답이라는 주장은 용납될 수 없었다. 따라서 공자가 한 말도 틀릴 수 있고, 주자가 한 말도 틀릴 수 있다고 생각했다.

그렇다면 어떤 말이 옳은지 틀린지 어떻게 알 수 있을까? 바로 자기 자신의 마음에 비추어 생각해 보라는 것이 왕수인의 해답이다. 이때 자신의 마음이란 그때그때 상황에 따라 변덕스럽게 변하는 마음이 아니다. 평소에는 장애인 복지나 오지의 빈민에 대해 관심이 있는 척하다가, 우리 동네에 장애인 시설이나 복지 시설이 들어온다고 하니까 흥분하면서 반대하는 님비(NIMBY) 현상 같은 일시적인 마음이 아니다.

그것은 사리사욕에 이리저리 흔들리는 변덕스러운 마음이 아니라, 자신이 본래부터 가지고 있던 가장 근원적이고 뿌리 깊은, 참된 마음이다. 때로는 사랑으로 때로는 양심으로 나타나며, 나의 진심을 먼저 깨달아야만 공자든 주자든 그 말의 진실 여부가 이해될 수 있다고 생각하였다. 자신의 참된 마음을 깨닫기 전에는 오히려 공자나 주자의 말을 잘못 해석해 독단적인 사고에 빠지거나 심지어 사상적인 논쟁의 소용돌이에 빠질 수도 있다고 경계한다. 그러므로 남의 말만 듣고 따르기 전에, 우선 자기 마음속 깊은 곳에 질문을 던져야 하며 항상 자기 자신의 참된 마음을 찾을 수 있도록 노력해야 한다. 이것을 《중용》에서는 '존덕성'이라고 표현한다. 즉 선천적인 내 마음의 본성을 존중하는 데에서부터 출발해야 한다는 것이다. 내 마음에 비춰 봤을 때 전혀 부끄럽지 않아야 비로소 자신의 행위가 옳음을 깨달을 수 있다.

그렇다면 유교철학에서의 경서는 어떤 역할을 할까? 경서부터 공부하고, 옳고 그름을 판단하여 행위로 옮기는 것이 교과서적 배움의 경로가 아닐까? 왕수인의 철학에 따르면, 이 경서는 하나의 기록물이다. 내가 내 마음에 비추어 옳고 그름을 판단하고서 그 판단이 맞았는지 틀렸는지를 확인하는 준거이자 되돌이표 역할을 할 뿐이다. 그래서 왕수인의 철학에서 "모든 경서는 내 마음의 각주일 뿐이다." 라는 주장이 나오게 되었다.

발칙한 상상력과 창의력이 나오려면

"세상의 졸렬하고 비열한 자들은 기존 학설에만 집착해 고금의 학술을 재단한다. 한마디 용어라도 기존 학설과 합치되지 않는 것이 있으면 놀라서 두 눈을 휘둥그레 뜨고, '이것은 경전의 말씀과 너무 동떨어져 있네! 저것은 훈고의 학설에 위배되어 있네!' 하면서 비판한다. 그러니 옛 성현의 마음이 용해된 경전과 그에 대한 주석, 그리고 역대 태평성대와 혼란했던 때 인물의 좋고 나쁨의 평가 등이 천편일률적으로 일정하게 정해진다. 이렇게 정해진 이론들은 피상적이고 터무니없는 이론들도 있기 마련이라서, 일찍이 마음속 깊은 곳으로부터 그 까닭과 연고를 증험한 적이 한 번도 없는 학설일 뿐이다." [전습록 중, 165조목]

과거의 고리타분하고 진부했던 가치관과 세계관이 쓰여 있는 전적과 기록에만 의거하여 지금을 재단하려는 것이야말로 얼마나 시대착오적 발상인지를 여실히 보여 주는 말씀이다. 이런 의미로 사용되는 성어가 바로 각주구검(刻舟求劍)인데, 시간은 물과 같이 흐르고 있음에도 과거의 위치나 습관에 젖어들어 헤어 나오지 못하는 꼴을 비판하는 말이다. 특히 경전의 말씀에 훈고를 달고 이를 절대가치로 믿으려는 것은 집착에 가까우며, 이것이 심할 경우 학문이 아니라 종교화되어 결국 교조주의로 전락하고 만다.

풍요로웠던 한때의 이념에 따라 고금의 학술을 평가하는 것은 위험천만한 일일뿐만 아니라, 과거로의 회귀를 의미하는 행위다. 이러한 행위는 결국 학문 전체를 일정한 틀 안에 가둬 놓고 그 범주 안에서만 이리저리 움직여 가며, 존엄한 교조주의 사관으로부터 벗어난 것들을 한꺼번에 이단으로 몰아 가는 풍조를 양산한다.

주희가 만들어 놓은 도통설(道統說)만 놓고 보자. 그는 자신만의 세계에 갇혀 이미 짜여진 기준과 일정한 계보만을 인정한다. 따라서 상당수 인물과 사상은 배제될 수밖에 없었다. 그 결과 도통이라는 허울 아래, 시대 개혁을 외쳤다거나 창조적 가치관을 내세웠던 인물과 사상들은 사라져 갔다. 이는 결국 단조롭고 경직된 철학사를 낳았고, 시대사조의 흐름이 고인 물에 갇혀 있는 형국이 되었다. 이처럼 자신들의 주장 하나만 존중받아야 한다는 일존주의(一尊主義) 사고방식은 자유로운 학술 토론을 불가능하게 했고, 사상의 흐름을 막게 했다. 기존의 주자학자들은 '불교'와 '노장'이라고만 하면 치를 떨며 하늘 아래 같이 살 수 없는 원수처럼 이단으로 여겼던 것이 이를 방증한다.

반면에 왕수인은 유가철학 내부에서도 입신출세나 지향하는 거짓 주자학자들의 썩은 근성을 질타하는 모습을 서슴없이 보여 준다. 그저 출세만을 위하여 자기 주관도 없고 수치심도 던져 버리는 행위가 만연하는 한, 노장과 불가를 공격하는 것은 사리에 맞지 않으며 설득력도 없다고 판단한 셈이다. 다시 말해 왕수인은 정통과 이단의 구분을 위한 판단 기준을 특정한 사상의 일방적 지침에서 찾은 것이 아니라, 마음의 존재 양상, 즉 인간의 내면 심성이 가지고 있는 본연의 가치에서 찾고자 했다. 이러한 사고는 유교니 불교니 운운하며 서로를 비방하고 헐뜯는 분위기에 사로잡히지 않도록 유도하였고, 이로써 그는 명말 사상계의 새로운 동향을 이끌어 낸 선구자적 철학가로 평가받는다. 왕수인이 한때는 불교에 심취했다가 유가철학으로 복귀한 것도 정통과 이단의 사상적 판단에서가 아니라, 당시의 혼탁함을 예리하게 비판하면서 가능했음에 주목해야 한다. 그는 썩은 근성에다 출세만을 생각하는 당시 유자들의 행태를 놓고 성찰과 깨달음이 없다고 한탄했다. 노장과 불가 쪽에는 그래도 그런 반성과 깨달음의 자성이 있었는데, 어찌 썩어 있는 유가보다 더 못한 이단으로 간주할 수 있겠는가라는 반문이 그 시대 상황을 잘 보여 준다.

결국 명나라 조정은 유·불·도 삼교일치론을 표방하였다. 명나라는 원리적으로는 불교의 유심론에 근거하여 허물을 고쳐 선(善)으로 나아가기를 희망했다. 또한 율법에 따라 나라를 도울 것을 요구하는 한편, 유교적 대의명분과 강상윤리의 가르침을 바탕으로 생활규범을 확립한다고 밝혔다. 말하자면 유·불·도 삼교의 순수한 사상적·종교적 본질을 드러낸다기보다는 명나라 황제 태조의 권력 강화를 위한 도구로서 국가에서 관장하는 바람에, 새로운 교리나 이론을 내세우기란 지극히 제한되어 있었다. 하지만 이런 사상적 제약에 아랑곳하지 않고 왕수인은 인간의 순수 본연 의지라 할 양지를 내세워 인간 개개인의 주체성을 강조하였고, 현실을 직시하고 타개해 나가는 인간의 역동성을 역설하였다. 따라서 인간 세상에 일어나는 제반 현실에서의 실질 이익, 실사구시(實事求是) 학문을 추구할 것을 강조한다. 양명학이 실학으로 나아가는 교두보가 되는 지점이다. 이러한 점에서 왕수인의 사상은 명나라 주류였던 삼교 융합의 이데올로기와는 지향점이 다르다. 완전한 대립보다, 왕수인은 불교의 소극적 인간관을 지양하고 인간의 역동성과 주체성을 강조하며, 시세의 변화에 대체할 수 있는 인간의 동력원을 찾으려 하였다. 이러한 점으로 볼 때 왕수인은 시의성과 융통성을 갖추었고 근대 시민주의의 맹아(萌芽)를 보여 줬다고 평가함이 마땅하다.

6장 실천 공부론

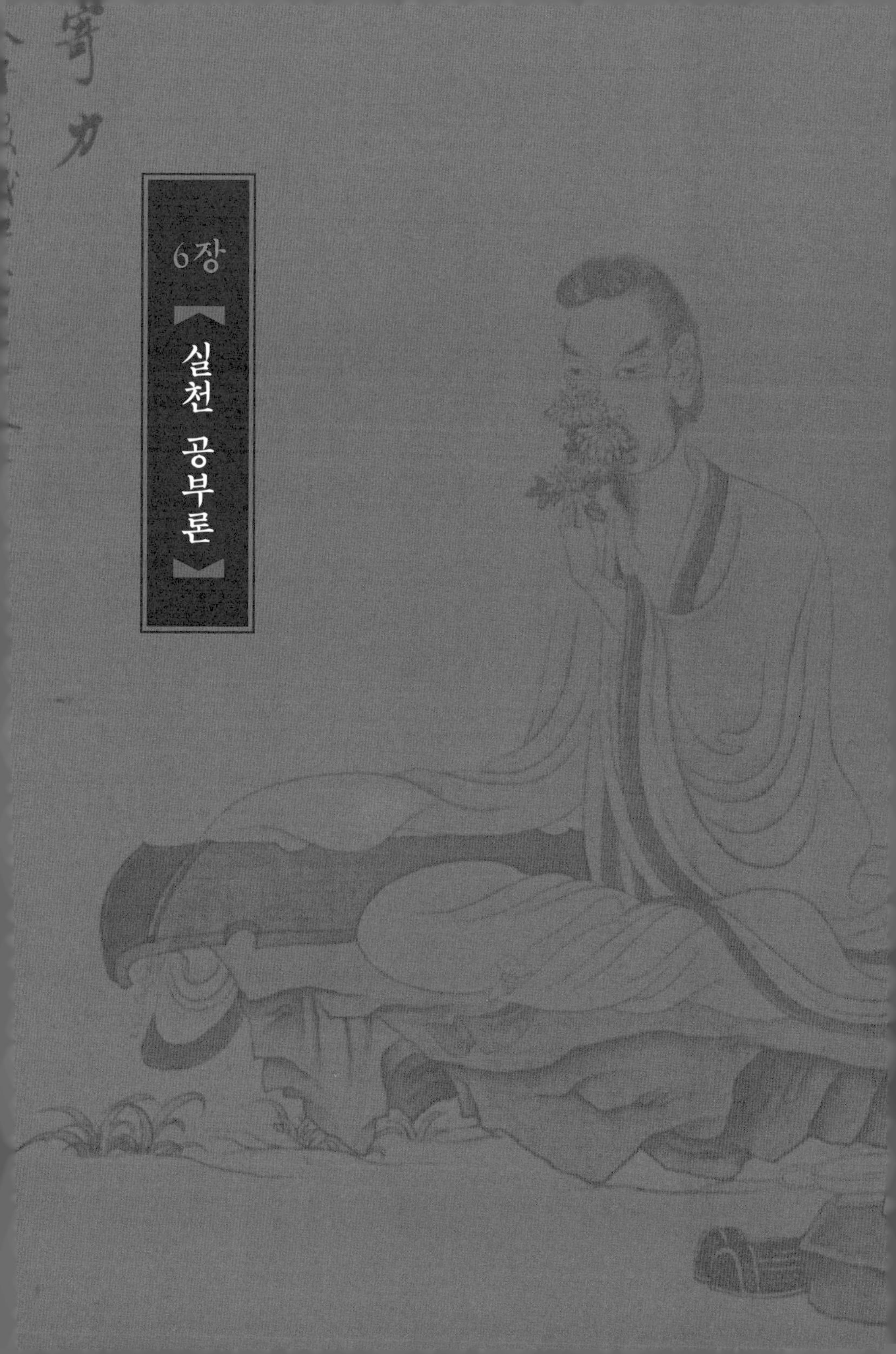

왕수인의 사상 가운데 큰 핵심 하나는 '실천' 지향이다. 주자학을 비롯한 기존의 유가철학 가운데 실천을 강조하지 않은 학풍은 없었지만, 왕수인이 실천이라는 덕목을 유독 강조한 데에는 그럴 만한 독특한 이유가 있다.

　공맹유학에서 강조한 철학의 본질은 "집에서는 효도하고 집 밖에 나가서는 공손할 줄 알아야 한다[入則孝 出則弟]."라는 일상생활에서의 도덕 실천, 또는 수신제가로부터 효제충신에 이르기까지 인성 예절에 치우친 면이 적지 않았다. 그리고 이를 실천하기 위한 방법론도 결국 "먼 곳을 가려면 가까운 곳에서부터 하며[行遠自邇], 높은 데 오르려면 낮은 데서부터 하라[登高自卑]."라는 가장 일상적인 '인간됨'과 '인성 예절'을 강조하는 데에 있었다. 왕수인 역시 이런 유가의 전통적인 도덕·수양론을 고수하면서 이를 실재에 적용하기 위한 철리적 이론을 새롭게 준비한 사람이었다. 다만 그는 심오한 철학적 논리를 내세우기보다, 일상에서의 극기와 자신의 주체성을 통하여 사회가 하나 될 수 있는 도덕 공동체, 대동(大同)을 지향한 학자였다.

　이 장에서는 당시 선비들이 암기 위주의 지식을 습득해 돈과 명예를 거머쥐려는 출세 지향주의의 인생관을 비판하였던 왕수인의 학문정신과 실천의식에 대하여 알아보도록 하자.

'백성을 친애함'과 '백성을 새롭게 함'

선생님께서는 《대학》의 격물에 관한 여러 학설에 대해 옛날의 판본이 모두 옳다고 하셨습니다. 북송 시대 성리학자였던 정이와 주희와 같은 사람들이 잘못된 판본을 가지고 말했기 때문에 지금처럼 잘못된 학설이 나온 것이라 하셨습니다. 저도 처음에 선생님의 말씀을 듣고서 놀랐고 의심도 했습니다. 다시 세밀히 생각을 해 보고 여러 자료를 참고하며 다른 선생님께 물어보기도 했습니다. 이런 과정을 거치고 나니 물이 차고 불이 뜨거운 것처럼 아주 명백하게 이해할 수 있었으며, 백 년을 기다린 후에 다시 성인이 나온다고 하여도 선생님의 학설에 대해서는 절대로 의심할 수 없음을 깨달았습니다. [전습록 서]

서애가 양명 선생에게 여쭈었다.

"《대학》에 나오는 '백성을 친애하라'라는 친민(親民)에 대해서, 주희는 '백성을 새롭게 하라'라는 신민(新民)으로 고치는 것이 옳지 않겠는가라고 주장했습니다. 이는 《대학》의 후반부에 '새롭게 백성을 일으킨다'라는 작신민(作新民)이 나오기 때문에 앞에서 미리 '신민'을 전제하고 시작하는 것이 낫겠다는 논리였으며, 앞뒤 문맥을 살펴보아도 앞부분에서 '신민'이 나와야 후반부에 '작신민'이 출현함이 마땅하다고 하는데, 주희의 이 주장도 역시 어느 정도 근거가 있는 것 같습니다. 그런데도 선생님께서는 옛 판본에 '친민'이라 되어 있기 때문에 마땅히 옛날 판본을 따라 '친민'으로 해야 한다고 하셨는데, 이는 판본 이외에 또 다른 근거가 있기 때문인지요?"

양명 선생께서 대답하셨다.

"새롭게 백성을 일으킨다는 작신민에서의 신(新)은 스스로 새롭게 하는 백성들을 가리키는 말일 것이니, 백성을 새롭게 하는 데에 있다라는 재신민(在新民)에서의 신(新)과는 같지 않을 것이다. '일으키다'라는 작(作)이야말로 '백성을 친애한다'는 친(親)과 반대가 되는 말이다. 이 어찌 제대로 된 근거라 말할 수 있겠는가?" [전습록 상, 1조목]

양명의 요지는 이렇다. 《대학》의 후반부에 작신민(作新民)이 출현하는 것은 맞지만, 작신민에 대한 정확한 해석은 "스스로 새로워지려는 [新] 백성[民]을 진작[作]시킨다"라는 것이다. 반면에 주희는 작신민을 재신민(在新民)으로 바꾸어 해석했으니 이것은 잘못된 관점이다. 주희의 해석은 "《대학》이라는 서적의 큰 가르침[大學之道]이 백성을 새롭게 함에 있다."라고 하였다. 그런데 유가철학의 근본 사상은 자기 자신을 닦고 남을 가르치는 학문, 즉 수기치인(修己治人)의 학문이며, 나아가 나의 착한 본성[性善]이 다른 사람과 같다는 전제하에 온 인류를 서로 조화롭게 잘 이끌어 내어 태평성대에 가까운 대동(大同)을 이룰 수 있다는 것이다.

그렇다면 왕수인과 주희가 《대학》의 첫 경문을 바라본 관점 중 어느 쪽이 더 적확하다고 평가할 수 있을까? 다음에서 왕수인의 주장을 좀 더 읽어 보자.

"《대학》의 후반부에 나오는 치국평천하라는 문구에서도 특별히 신(新)이라는 글자에 대하여 색다른 의미를 부여하고 있지 않다. 예를 들면 '군자는 현인을 존경하고 가까운 사람들과 친하게 지내지만, 소인은 자기의 즐거움을 좋아하고 그의 이익만을 이롭게 여긴다.' 또는 '갓난아이를 보호하는 것처럼 백성이 좋아하는 바를 그도 좋아하고, 백성이 싫어하는 바를 그도 싫어한다. 이런 것을 두고 백성들의 부모[親]라고 한다.'라는 글에서도 모두 '친근히 하다'라는 의미가 있는 친(親)의 뜻과 관련된 것뿐이다.

또한 백성을 친애한다는 친민은 《맹자》에 나오는 친친인민(親親人民, 내 어버이를 친애하는 마음을 갖고 이러한 마음을 미루어 백성들을 사랑한다)이라는 말과 의미가 같다. 친애한다는 것은 '사랑한다'는 뜻이다. 또 《서경》〈순전〉에 나오는 백성불친(百姓不親), 즉 '백성들끼리 서로 친목하지 못한다.'라는 말이 나오는데, 이때 '순임금께서는 설이라는 사람에게 당시 사도(司徒)의 관직(지금의 총무처 장관이나 교육부 장관에 해당)을 부여하고 다섯 가지의 가르침[五敎, 부자유친(父子有親), 군신유의(君臣有義), 부부유별(夫婦有別), 붕우유신(朋友有信), 장유유서(長幼有序)]을 펴 나가도록 지시했다.'라 한 것도 백성들을 서로 친애하라는 의미였다. 이때 친(親)이라는 글자도 '친하게 지내다'라는 의미일 뿐 '새롭게 한다'거나 '자각하게 한다'라는 신(新)의 의미는 전혀 없음을 알 수 있다.

《서경》〈요전〉에서도 극명준덕(克明峻德, 높은 덕을 지극히 잘 밝혔다)이라 한 것은 바로 《대학》의 명명덕(明明德, 밝은 덕을 밝힌다)을 뜻한다. 또한 이친구족(以親九族, 중국이 본래 아홉 민족으로 이루어져 있으니 이 아홉 민족이 서로 사이좋게 친하게 지낸다)이라는 말이 나오는데, 이 역시 백성을 친애한다는 친민(親民)의 뜻이다. 다음으로 '평화로운 전통을 세워서 밝게 다스린다'라는 의미의 평장(平章)이라는 말도 있는데, 이것은 밝은 덕을 밝힌다라는 명명덕을 뜻하는 것이다." [전습록 상, 1조목]

사서 가운데 하나인 《대학》은 본래 《예기》라는 책의 한 편에 불과하였다. 그러나 주희가 이 《예기》 속에 있던 〈대학〉과 〈중용〉을 뽑아내고, 이를 다시 문장과 구절을 재편집하여 하나의 단행본 서적으로 만들게 되면서, 우리가 흔히 말하는 사서가 완성된 것이다. 즉 네 개의 경서라는 '사서'라는 명칭도 송나라 때 주희에 이르러 지칭된 것이었으니, 《대학》은 사실상 송나라에 와서야 중요한 경서로 그 자리매

김이 달라진 셈이다. 다시 말해 송나라 이전에는 '사서'라는 말도 없었으며, 사서를 유교의 경전이라고 생각하지도 않았다. 송나라 이전 시기 사람들에게 유가철학의 경전이란 《시경》, 《서경》, 《역경》, 《예기》, 《춘추》 오경이었다.

그런데 당나라와 송나라 시기에 불교가 유행하면서부터 유교는 상대적으로 그 힘을 상실하게 되었다. 당시 유학자들은 사람들이 불교를 더 선호하는 이유가, 불교에는 유교에 없는 심오한 형이상학적 사유가 있기 때문이라고 생각했다. 실제로 《논어》와 같은 유교의 경전에는 사람이 태어나서 마땅히 지켜야 할 강상윤리와 도덕적 삶에 관한 가치론적 이야기가 농후하게 깔려 있을 뿐, 인간의 본성이나 우주만물의 존재 원리 등과 같은 우주론과 형이상학적 논제에 대한 대답을 찾기에는 어딘지 부족한 면이 많았다. 그래서 당나라 후기와 송나라 초기의 유학자들은 유교 경전에서 형이상학적 사유를 찾아내려 노력했고, 그 결과 《역경》과 《중용》을 중심으로 형이상학적 사유들을 만들어 기존의 공맹유학을 철학적 학문으로 바꾸었다. 이러한 유학을 '새롭게 일구어 낸 유학'이라는 의미로 신유학(新儒學)이라 하기도 했고, 또는 우주만물의 존재가 가지고 있는 본연의 성격과 이치를 탐구해 낸다 하여 성리학(性理學) 또는 성명의리지학(性命義理之學)이라 칭하게 되었다. 여기에서 '의리'란 사람들 사이에서 지켜야만 하는 굳은 절개의 뜻이 아니라, 진리(眞理)를 의미한다. 따라서 '성명의리지학'은 만물이 가지고 있는 본성의 존재와 그 진리를 탐구하는 학문 정도로 해석함이 바람직하다.

이와 같이 성리학의 세계에 들어오면서, 유교는 많은 부분에서 탈바꿈이 일어났다. 첫째, 《대학》과 《중용》처럼 기존에는 유교의 경서가 아니었던 것을 새롭게 경전으로 인정했다. 둘째, 유교 경전의 내용이라 하여도 그 문장을 어떻게 해석하느냐의 시각에 따라 철리적 관점도 상이하게 반영되었다. 본래 경전이란 성현들이 말한 절대적 가치와 불변의 진리를 써 놓은 책을 의미하므로, 함부로 본인의 생각만으로 경전의 내용을 바꾸어서는 안 되었다. 그러나 당나라와 송나라 때 유학자들은 불교에 대항하여 유교만의 형이상학적 사유를 찾아보려고 노력했기 때문에, 경전 내용에 대해서도 자신의 입장을 투영하는 자의적 해석까지 불사했다. 당시 이러한 분위기를 경전을 의심해 본다는 의미로 의경(疑經)의 태도라며 비판하기도 하였다.

이렇게 똑같은 경전 문구에 대해서도 본인의 관점으로 재해석하려는 의경의 풍조 속에서, 다양한 주관적 관점에 따라 《대학》 원문에 대한 여러 해석들이 등장하였다. 그중에서도 주희는 자신만의 독특한 해석을 시도했는데, 첫째, 《대학》 원문의 순서와 체제를 본인 생각대로 바꾸었고, 둘째, 《대학》 원문에서 부족하다고 생각되는 부분이 있을 때는 직접 상당수의 글자(약 143자)를 작문하여 삽입했다. 이렇게 경서에 첨삭까지 삽입하는 행위는 먼 훗날 여러 유학자들로부터 심하게 비판받기도 했지만, 유교 경전의 재해석을 통하여 불교와 맞섰던 주희를 존경했던 수많은 성리학자들은 도리어 그의 이름을 함부로 부를 수 없다며, 존칭의 의미인 자(子)를 성씨 뒤에 붙이고 '주자'라 숭상하였다. 이들은 자신들만의 리그를 형성하게 되었고, 주자의 학문 이외에는 모두 이단으로 간주하기에 이른다.

주희의 새로운 편집 체제, 오탈자의 수정, 누락된 부분의 내용을 삽입하여 완성된 새로운 책을 정확히 말하자면 《대학》이 아니라 《대학장구》라고 해야 한다. 여기에 바로 《예기》 속의 〈대학〉 편에 있던 '친민'을 주희가 《대학장구》라는 단행본으로 만들면서 '신민'이라 수정한 부분이 세간의 관심사에 오르게 된 것이다. 본래 《대학》의 첫 문장은 "대학의 도(道)는 밝은 덕을 밝히는 데에 있고, 백성을 친애하는 데에 있으며, 사람들이 선천적으로 가지고 있는 지극히 착한 본성에 머무르는 데에 있다."라는 문장으로 시작하는데, 주희는 이곳에서 '친애한다[親]'라는 부분을 '새롭게 한다[新]'로 글자를 바꾸어 원문을 달리 해석하였다.

이 부분에 대해 왕수인은 주희의 의견에 명백히 이의를 제기하였으며, 본래의 《대학》 문장대로 돌아가 해석해야 한다며 이렇게 말했다. "인간은 누구나 평등하다. 누가 누구보다 우월하고 누가 누구보다 열등하다는 것은 본래부터 있을 수 없다. 즉 인간이라면 임금이나 백성이나 모두 똑같은 존재일 뿐이다. 누가 누구를 깨우치고 일으켜야 하는 존재가 아니다. 맹자께서도 사람의 본성은 선천적으로 뛰어나며, 누구든지 자신의 본성을 잘 수양하면 요순과 같은 성인군자의 경지에 도달할 수 있다고 말씀하셨다. 그런데 주희가 '백성들을 새롭게 만들어 준다'라며 작신민을 내세워 '내가 남을 깨우치고 계몽하여 교육해야 한다'는 논리로 《예기》 속에 있는 〈대학〉 편의 첫 문장을 바꾸어 말하고 있으니, 이는 잘못된 것이다." 즉, 인간의 품성은 선천적으로 뛰어나며 누구나 평등한 존재인데, 나는 훌륭한 사람이고 백성은 어리석다는 전제로 누가 누구를 교육시키고 계몽한다는 것은 공맹 유가의 본질과 맞지 않다는 것이다.

사실 왕수인의 이러한 관점이야말로 공맹이 추구하던 인본주의 정신을 온전히 전수받은 것이며, 자본주의의 맹아가 싹트는 명나라 중기에 인간 존중과 평등을 강조한 인권 의식이 나오게 된 힘이라고 평가해야 한다. 이러한 점에서 볼 때, 세상이 변모하는데도 불구하고 옛날의 지침이라 하여 그대로 답습하려는 주자학적 관점에서 무엇이 잘못되었는지를 곱씹어 볼 수 있는 맥을 찾아볼 수 있을 것이다.

나를 이긴다는 것은 무엇인가?

소혜라는 사람이 양명 선생께 여쭈었다.

"선생님, 저 자신을 이겨 내기가 힘듭니다. 어떻게 하면 좋을까요?"

양명 선생께서 말씀하셨다.

"그래? 그렇다면 너 자신이란 것을 가져와 보거라. 너를 대신하여 내가 이겨 내줄 테니."

또 말씀하셨다.

"사람이 정말로 자기를 사랑하는 마음이 있다면 자기 자신을 이길 수 있게 될 것이고, 정말로 자신을 이길 수 있다면 자신을 완성해 낼 수 있을 것이다."

소혜가 물었다.

"저도 저 스스로를 사랑하는 마음이 많은 것 같은데요, 그런데 왜 저는 저 자신을 이길 수 없을까요?"

양명 선생께서 말씀하셨다.

"그래? 그렇다면 네가 말하는 자신을 사랑하는 마음이 어떤 것인지 말해 보거라! 너에게 정말 너 자신을 위하고 사랑하는 마음이 있기는 한 것인지 내가 한번 봐야겠구나."

소혜가 한참 동안 스스로 반성해 보고서 말했다.

"저도 역시 좋은 사람이 되고 싶습니다. 그것을 저는 저 자신을 사랑하는 마음이 많다고 말한 것이지요. 하지만 지금 가만히 반성해 보니 사실은 제 육체만 위해서 살아왔고 제 정신적인 측면을 위해서 한 것은 별로 없는 것 같습니다."

양명 선생께서 말씀하셨다.

"정신이라는 것이 어떻게 육체를 떠나서 있을 수 있겠느냐? 네가 육체를 위해서만 살아왔다고 하지만, 사실은 육체를 위한 것도 아닌 것 같구나. 자, 어디 한번 네가 생각하는 '육체적인 나'가 무엇인지 말해 보거라. 아마도 눈, 코, 입, 귀, 사지 같은 것을 육체적인 자아라고 생각하는 것이겠지?"

소혜가 말했다.

"네, 바로 그렇습니다. 제 눈을 위해서는 색깔이 필요하고 귀를 위해서는 소리가 필요하고 입을 위해서는 맛이 필요하며 사지를 위해서는 안락함이 필요했습니다. 그래서 자기 자신을 이겨 내지 못한 것입니다."

양명 선생께서 말씀하셨다.

"아름다운 색상이 사람의 눈을 멀게 하고, 아름다운 소리가 사람의 귀를 어둡게 하고, 달콤한 맛이 사람의 입을 못 쓰게 만들고, 말달리면서 사냥하는 것이 사람의 마음을 미치게 만든다.'라고 노자는 말했다. 이런 모든 것들이 너의 눈, 코, 입, 귀, 사지를 해치는 것들이다. 만일 네가 정말로 네 육체를 생각한다면 귀로는 어떻게 들을지, 눈으로는 어떻게 볼지, 입으로는 어떻게 말할지, 사지는 어떻게 움직여야 할지를 진지하게 생각해 봐야 한다. 그래서 공자께서는 예(禮)가 아니면 보지도 말고, 듣지도 말고, 말하지도 말고, 행동하지도 말라고 하셨다. 그렇게 해야 눈, 코, 입, 귀, 사지가 온전할 수 있게 되는 것이고, 그런 것이 진정으로 네 육체를 위하는 것이다.

그런데 너는 지금 하루 내내 밖에 돌아다니면서 찾고 있는 것들을 보니 명예와 이익이 아니더냐? 명예라든가 돈이라는 것들은 육체 밖에 있는 것을 위한 것이지, 육체를 위한 것이 아니다. 네가 만일 진실로 네 육체를 위한다면 절대로 예가 아닌 것은 보지도, 듣지도, 말하지도, 행동하지도 말아야 할 것이다. 그런데 어찌 네 눈, 코, 입, 귀, 사지가 보고, 듣고, 말하고, 행동하지 않을 수가 있겠느냐? 그것은 결국 네 마음에서 비롯된 것이다. 그러니까 보고, 듣고, 말하고, 행동하는 것은 네 마음이 그렇게 하는 것이다. 네 마음이 보려고 하면 눈을 사용하는 것이고, 들으려고 하면 귀를 사용하는 것이며, 말하려고 할 때는 입을 사용하는 것이며, 움직이려고 할 때는 사지를 사용하는 것일 뿐이다. 만약에 네 마음이 없다면 결과적으로 네 귀도, 눈도, 입도, 코도 없는 것이나 마찬가지다.

네 마음이 온전치 못하다면 그런 감각기관들은 고깃덩어리에 불과한 것이라고 할 수 있겠지. 그런 고깃덩어리는 죽은 사람도 가지고 있는데, 죽은 사람들의 감각기관은 왜 보지도, 듣지도, 말하지도, 움직이지도 못하는 것이겠느냐? 그것은 그들에게 마음이라고 하는 것이 없어서이다. 이 마음이라는 것이 보고, 듣고, 말하고, 움직이게 하는 것이다. 그래서 이 마음을 타고난 본성이라고 말하기도 하고, 또 하늘의 이치라는 표현으로 천리(天理)라고도 한다.

이렇게 타고난 본성이란 것이 있기 때문에 본성의 생명 원리에서 이러한 여러 재주와 능력이 나오는데, 우리는 이를 인(仁)이라고 한다. 인간 본성이 가지고 있는 본성의 생명 원리가 눈에 가서 닿으면 볼 수 있는 것이고, 귀에서 작용하면 들을 수 있게 되고, 입에서 작용하면 말할 수 있고, 사지에서 작용하면 움직일 수 있게 되는 것이지. 이렇게 모든 것이 다 천리에서 나오는 것인데, 그것이 몸을 주재한다고 할 때는 '마음'이라고 한다. 이 마음의 본체가 본래 천리인 것이니, 원래부터 예가 아닌 것이 하나도 없다. 이것이 곧 너의 '진정한 나'를 말한다. 이 진정한 나가 바로 육체를 주재하는 것이니 만일 진정한 나가 없으면 육체 또한 없다고 할 수 있다. 진정한 나가 있어야 사는 것이고, 진정한 나가 없으면 죽은 것과 마찬가지다. 그러니 네가 정말 육체적인 자신을 위하려 한다면 반드시 진정한 나를 통해야 한다. 그러므로 언제든지 진솔한 나의 본체를 보존하고 붙잡고 있어야 한다. 그렇기 때문에 남이 보지 않아도 늘 네 정신을 가다듬어야 하고, 남이 듣지 않아도 늘 네 정신을 놓아서는 안 되는 것이다. 오로지 그 정신이 조금이라도 손상될까 염려해야 한다. 만일 네 마음속에 조금이라도 예가 아닌 것이 나오면 마치 칼로 자르는 것처럼, 또는 마치 송곳으로 찌르는 것처럼 참을 수 없이 아파해야 하고, 그러고는 곧바로 칼을 뽑아 버리고 송곳을 뽑아 버려야 한단다. 이렇게 행동해야만이 자기를 위하는 것이고 또한 자기를 이길 수 있는 것이다. 너는 지금 도둑놈을 제 자식처럼 붙잡고 있는 것이니, 어떻게 너 자신을 위한 마음이 있는데도 도리어 너 자신을 이겨 낼 수 없다고 말할 수 있겠느냐?"

[전습록 상, 123조목]

우리는 살아가면서 '나를 이긴다' 또는 '나의 나약한 마음을 극복한다'라는 생각을 대단히 중요하게 여긴다. 또 이를 수양 덕목의 하나로 극기(克己)라 표현하기도 한다. 내가 정해 놓은 목표를 달성하고자 지금 당장 하기 싫은 일이나 잘 안 되는 일을 억지로 견뎌 내야 할 때 이 말을 자주 사용한다. 그러나 내가 극복하려는 나의 나약한 마음이 도대체 무엇이고 어디에서 생겨난 것인가. 또 극복하려고 고민하고 노력하는 나와 나의 나약한 마음은 서로 어떻게 다른지, 정말 다르기나 한 건지, 이 모든 것에 대한 의문이 앞선다.

왕수인의 제자 소혜 역시 극기가 잘 안 된다고 하소연한다. 이에 왕수인은 이런 말을 던진다. "스스로의 마음이 극복이 안 된다고? 극복이 잘 안 된다는 네 '마음'을 어디 한번 가져와 보거라." 사실 이 말은 중국의 선불교(禪佛敎)를 처음 시작했다는 달마대사가 그의 제자인 혜가(慧可)에게 했던 말에서 유래했다. 달마대사가 소림사에서 벽을 마주 보며 9년 동안 수련하고 있다는 말을 듣고 혜가는 달마대사를 찾아갔지만, 그는 정작 혜가에게 한마디도 들려주지 않았다. 어느 겨울 동짓달 초아흐렛날 밤에 큰 눈이 내렸는데, 혜가는 밤새 눈을 맞으며 문밖에서 달마대사를 기다렸다. 새벽이 되자 눈이 무릎이 넘도록 쌓였고, 달마대사는 그때까지도 꼼짝 않고 눈 속에 서 있는 혜가를 보았다. 혜가는 눈구덩이 속에서 달마대사에게 법문을 요청했지만, 달마대사는 여전히 혜가의 '교만하고 경솔하고 건방진 마음'을 지적하며 거절한다. 이에 혜가는 칼을 뽑아 자기의 왼쪽 팔을 잘라 달마대사에게 바치면서 다시 법문을 부탁했고, 이를 본 달마대사가 비로소 대답해 주었다. 이때 혜가가 했던 질문이 "제 마음이 편하지 못합니다. 달마 스님께서 편안하게 하여 주소서."였고, 달마는 "불안한 네 마음을 여기에 가져오너라. 그러면 편안하게 해 주겠다."라고 대답했다고 한다. 혜가가 "마음을 아무리 찾아도 얻을 수 없습니다."라고 하자 달마는 "내 이미 너를 편안케 했느니라."라고 했고, 여기서 혜가는 큰 깨달음을 얻었다고 한다.

왕수인은 이 이야기를 빌려 와서 제자에게 말한 것이다. 도대체 내가 극복해야 할 나의 나약하고 게으른 마음의 정체는 무엇일까? 나의 마음을 이길 수도 있고 나의 마음에 질 수도 있다고 한다면, 그때 이기기도 하고 지기도 하는 진정한 나는 누구일까? 또, 이겨 내야 할 대상으로서 나의 마음이란 것이 정말 있기나 하는 걸까? 이에 대해 차분히 잘 돌이켜 보기를 바라면서 상세히 설명해 주고 있다.

먼저 왕수인은 '사랑'의 마음에 대해 이야기한다. 네가 너를 진심으로 사랑한다면 이기고 지고 할 것도 없이 네 목표를 달성할 수 있다고 한다. 그러나 제자는 스스로 생각하기에 자기는 이기적이라고 할 정도로 자신을 사랑하는데 선생이 무슨 말씀을 하시는 걸까 하며 이해를 못하자, 왕수인은 다시 한 번 질문한다. "정말로 네가 너를 진심으로 사랑하고 있다고 생각하느냐?" 제자는 다시 생각해 보니, 스스로의 육체적인 욕구나 쾌락을 채우기는 좋아하지만 스스로의 마음을 수양하는 것은 그다지 좋아하지 않았다는 사실을 발견한다. 그래서 "제 몸은 사랑하지만 제 본래의 자기, 즉 정신적인 나를 사랑하지는 않나 봅니다."라고 대답한다. 그러나 왕수인은 이 대답조차 인정하지 않는다. 몸과 마음을 어떻게 분리할 수 있느냐는 것이다. 몸이 아프면 마음도 힘들고 마음이 괴로우면 몸도 좋지 않은 영향을 받기 마련이다. 육체도 정신도 모두 나에 속하지만, 나를 사랑한다는 것은 나의 몸과 마음을 모두 사랑하고 잘 보살펴 준다는 것을 의미한다. 예를 들어, 당장 맛있다고 몸에 좋지 않은 음식을 먹는 것은 내 육체를 사랑하는 것이 아닐 것이다. 진심으로 자신의 아기를 사랑하는 부모들은 자신의 아기에게 가장 좋은 음식을 먹이려고 하지 콜라나 햄버거, 피자 같은 음식을 먹이고 싶지 않을 것이다. 마찬가지로 당장 재미있다는 생각에 밤새워 컴퓨터 게임을 하는 것은 내 육체를 피곤하고 지치게 만드는 것이므로 자신을 사랑하는 것이라 할 수 없다.

공자가 예(禮)가 아닌 것은 보지도, 듣지도, 말하지도, 행동하지도 말라고 한 것은 이런 맥락에서 이해해야 한다. 예라는 것은 다른 사람과 조화롭게 지낼 수 있도록 만든 사회규범이며, 단순한 매너나 예의범절만을 가리키는 것이 아니다. 예는 다른 사람에게 정중하게 대하는 것임과 동시에 스스로를 함부로 대하지 않고 소중히 여기며 정중하게 대해 주는 것이기 때문이다. 그런데 우리가 육체를 통해서 보고, 듣고, 생각하고, 말하고, 행동하는 것은 우리 내면에서 살아 숨 쉬는 마음이 있기 때문이다. 다시 말해 순간적인 재미나 쾌락을 위해 우리의 육체를 괴롭히는 것은, 결과적으로 우리 마음을 함부로 학대하는 것과 마찬가지가 된다.

우리에게 마음이 없다면 육체가 있어도 아무 소용이 없을 것이다. 그러한 상태라면 로봇이나 기계와 같다. 우리는 누구나 태어날 때부터 이 마음이란 것을 가지고 태어났고, 마음이 있기 때문에 여러 일을 하고 생각과 결정을 하며, 이 세상에서 삶을 영위해 나갈 수 있다. 이처럼 우리를 살아가게 해 주는 이 마음에 대하여 왕수인은 하늘의 이치라는 뜻의 천리(天理)라고 불렀다. 그리고 마음의 가장 큰 근본적 원리는 사랑의 마음, 즉 공자가 그토록 강조한 인(仁)에 결부시킨다. 사람은 기본적으로 자신을 사랑하기 때문에 잘 살아갈 수 있도록 여러 생각도 하고 노력도 경주한다는 것이다. 말하자면 내 마음의 본체이자 존재의 가장 깊은 이치는 바로 생명의 원리인 사랑의 마음이란다. 생명의 원리인 사랑은 본래부터 나뿐만 아니라 온 세상 모든 존재에게 해당하는 것이므로, 그것이 하늘의 이치이기도 하다.

이렇게 내 마음 가장 깊은 곳의 진솔한 부분에는 생명의 원리이자 하늘의 이치라고 할 수 있는 사랑의 마음이 있는데, 이것이 진정한 나의 본성이며 모든 사람의 본성이라고 정의한다. 이런 본성의 영역에서는 서로의 모순이나 갈등이 있을 수 없다. 예를 들어 '나는 공부를 해야 하는데 놀고 싶어서 갈등이 생긴다.'라는 생각은 결코 생겨날 수 없다. 내가 공부를 해야 한다는 생각이 진심으로 나의 삶을 위한 사랑의 마음에서 생겨난 결정이라면, 놀고 싶다는 생각이 들지 않을 것이다. 반면 내가 행복하게 잘 살기를 바라는 진정한 사랑의 마음으로부터 공부보다 음악이 좋다든가 체육이 좋다는 결정을 했다면, 내가 열심히 공부해서 좋은 성적을 받고 공부 잘해서 이른바 안정적인 직업을 가지게 되더라도 마음 한쪽에서는 늘 슬프고 허탈한 마음에 시달리게 될 것이다. 그러므로 무엇을 해야겠다는 결정보다 더 중요하고 급한 것은 나의 마음속 깊이 있는 나의 본성, 즉 진심으로 자신을 사랑하는 마음의 상태를 놓치지 말고 보아야 한다는 것이 왕수인의 주장이다.

나의 진솔한 마음을 찾기 위해 끊임없이 귀 기울이고 노력하는 것이 무엇보다도 중요할 뿐, 남이 하라는 대로 결정하는 것은 아무 소용이 없다. 남의 시선을 의식하여 남에게 멋있게 보이거나 또는 인정받으려 공부해야겠다고 마음먹었다면 그 사람에게 공부는 진정한 마음에서 우러나온 것이 아니라 억지로 해야 하는 짐에 불과할 뿐이다. 나의 진정한 사랑의 마음에서 우러나오지 않은 생각은 자신의 생각이 아니다. 바로 이 부분을 착각하지 말아야 한다. 왕수인은 "도둑놈을 자기 자식처럼 붙잡고 있다."라고 표현했다. 진정으로 나의 진심에서 우러난 것이라면 하기 싫지만 이겨 내야 한다는 생각도 없고, 애초에 하기 싫다는 생각 자체가 없을 것이기 때문이다.

우리가 좋아하고 맛있는 음식을 눈으로 보고, 또 아주 신날 때를 생각해 보자. 그 음식을 먹으려면 식탁으로 뛰어가서 의자를 뒤로 빼고 앉아 젓가락을 집어 들고 젓가락질을 해서 음식을 들고 입에 넣는 여러 과정이 필요하지만, 아무도 그런 과정을 귀찮게 여긴다거나 또는 하기 싫은데도 억지로 행한다는 생각은 들지 않을 것이다. 아니 아예 의식조차 하지 않을 수도 있다. 그저 맛있는 음식에만 몰두할 뿐이다. 마찬가지로 지금 나의 목표가 나의 깊숙이 있는 본성, 나의 참된 마음에서 나온 것이라면, 그 목표에 다가가는 과정은 힘들고 하기 싫은 것이 아니라 오히려 즐거운 것이 될 수 있다. 지금 나에게 어떠한 불편한 마음이 있다면, 내가 나의 본성에 도달하지 못하고 나의 진실한 마음을 놓쳐 버리고 있기 때문은 아닐까?

욕망은 어디까지 긍정하고 부정해야 할까?

한 제자가 물었다.

"가만히 앉아서 정좌를 하고 있는데도 명예욕도 일어나고 성욕도 일어납니다. 이런 자연스러운 욕망들이 끊이지 않고 피어나는데, 하나씩 없애 버리면서 깨끗한 나를 찾으려 생각합니다. 그런데 이러한 일련의 행위들이 일부러 내가 나 스스로를 상처 내고 있는 모습은 아닐는지요? 모두들 욕심을 버리라고만 하는데, 과연 이는 정당한 가르침입니까?"

양명 선생이 안색을 바꾸시며 말씀하셨다.

"사람이 병을 고친다는 것은 병의 뿌리를 아예 없애는 것을 의미한다. 내가 십수 년을 살아오면서 이것만큼 중요한 일은 없다고 생각했다. 그렇다고 하여 내 생각만이 옳으니 네 생각을 비판하는 것은 아니다. 너도 네 생각이 옳다고 생각하면 그냥 두어라."

제자가 죄송함을 느끼면서 사죄했다. 양명 선생께서 한참 후에 다시 말씀하셨다.

"질문했던 그 내용들은 네가 고민하여 던진 질문이 아니다. 내 제자들 가운데에서도 소위 좀 명석하고 낫다고 생각되는 사람들이 네가 지금 나에게 물었던 질문을 하곤 했다. 그러므로 사람들이 너를 잘못 인도해 생긴 상황이었으리라."

그곳에 앉아 있던, 명철하다고 인정받았던 제자들이 모두 어찌할 바를 몰라 하며 송구스러워했다. [전습록 하, 79조목]

인간의 욕망은 끝이 없으니 욕망을 완전하게 제어하지 못하는 것은 인간 본연의 모습일 수 있다. 유가철학에서 수양 공부를 강조하는 것도 일체의 명예나 기호 또는 재물 같은 욕망으로부터 벗어나려는 것인데, 명예욕이나 성욕 같은 인간의 욕망을 긍정한다면 도덕적 삶은 불가능하다.

다만 성리학에서 식욕이나 성적인 욕구보다 더 중시했던 것이 '사랑'이었으며, 인간을 인간적 존재로 규정짓는 '정의'였다. 죽음을 불사하더라도 그것을 지키면 자긍심을 얻게 되니, 그것이 곧 정의와 진리였다. 그리고 정의와 진리를 얻은 사람은 주변으로부터 찬사를 받으며 성공의 탄탄대로를 걸을 수 있었다. 인간의 존재 원리와 인간으로서 당연히 행동해야만 하는 당연 법칙을 완수한 사람이기 때문이다. 이러한 인간존재의 원리[所以然之理]와 인간 행위의 당연법칙[所當然之理]을 배우는 것이 성리학의 주요 과제였다.

따라서 주자학이든 양명학이든 간에, 인간은 육체보다 정신적 삶에 더 무게를 부여하였다. 그리고 이러한 믿음을 갖는 사람만이 진리에 도달할 수 있다고 여겼다. 그런데 조금만 더 깊이 천착해 보자. 성리학에서는 마음이라는 것이 희미하고 매우 작은 존재이며, 육체적 욕망은 본능과 같아서 인간의 삶에 매우 큰 영향력을 행사할 수 있는 위태로운 것이라고 여겼다. 그래서 이 욕망을 어떻게 조절할 수 있느냐가 최대 관건이자 과제였다. 그만큼 육체적 욕망과 정신적 명예욕을 극복해 넘어서는 것이 매우 어렵다는 뜻이다.

그렇다고 하여 욕망 따위가 절대 필요 없다라고 여기는 것 역시 금물이다. 사람을 촛불로 비유하자면 촛불[마음]이 위에 있고 기름[육체]이 아래에 있어야만 불이 켜질 수 있는 이치와 같다. 촛불[마음]이 기름[육체] 속에 빠지면 촛불[마음]은 이내 꺼지고 만다. 양명학에서는 이를 경계하기 위하여 존천리거인욕(存天理去人慾)이라는 과제를 제시한다. '천리를 보존하고 인욕을 제거하라'는 의미다. 왕수인은 인간이 갖고 있는 선천적 양지와 선천적 능력인 양능을 제대로 깨닫는 경지, 즉 치양지를 이뤄 내야 한다고 결론짓는다. 치양지란 무엇이 옳고[是] 무엇이 그른지[非], 무엇이 선하고[善] 무엇이 나쁜지[惡]를 선천적으로 알고 있는 인간의 양지가, 그 본래성을 잃지 않고 유지함을 말한다. 그리고 이것은 이른바 《대학》에서 말하는 '마음을 바로잡는다'라는 정심(正心)과 통용되며, 지극히 선한 세계[至善]에 도달하는 길이라고 하였다.

학문하는 방법은 정좌로부터

"사람들에게 학문하는 것에 대해 가르칠 때 오직 한 방법만을 고집해서는 안 된다. 학문을 처음 시작할 때에는 마음이 뒤숭숭해 마음을 한곳에 붙잡아 두기가 어렵고, 생각하는 것들마다 욕망[人欲]에 치우쳐 있기 마련이다. 그래서 조용히 앉아[靜坐] 마음을 고요히 다스릴 줄 아는 방법을 배워야 한다. 이러한 과정을 오래 지속하면 마음이 다소 안정된다. 그러나 단지 허무할 정도로 고요함만을 고집하면 고목이나 죽은 재처럼 쓸모가 없게 된다. 그러므로 반드시 고요함 속에서도 자신을 성찰해 자신을 극복하고 다스리는 극치(克治)를 가르쳐야만 한다.

이러한 성찰과 극치의 공부는 수시로 해야 하며, 어느 한때라도 잠시 중단해서는 안 된다. 마치 도둑을 몰아내듯이 하여 깨끗하고 맑은 생각을 가져야 한다. 아무 일이 없을 때에는 여색을 좋아하는 마음, 재물을 좋아하는 마음, 명예를 좋아하는 마음 등의 사욕을 하나하나 찾아내어 반드시 이 병폐의 뿌리를 발본색원(拔本塞源, 나무를 뿌리째 뽑고 물의 근원을 막는다는 뜻으로, 폐단의 근원을 아주 없애 버리는 것을 비유하는 말)하고, 다시는 영원히 생겨나지 않게 해야만 비로소 완쾌되는 것

이다. (중략)

　극복해야 할 아무런 사욕이 없는 지점에 이르면 스스로 팔짱을 끼고 앉을 수 있게 된다. 그러므로 '무엇을 생각하고 무엇을 사색하는가?'라는 말도 있지만, 이는 처음 학문할 때 해야 할 말은 아니다. 처음 학문할 때에는 성찰과 극치를 생각해야 되는데, 이것이 바로 항상 사색하는 데에 정성을 다한다는 사성(思誠)이라는 것이다. 오직 한 가지 하늘의 이치만을 생각해 온 세상의 이치를 얻어 이를 순수하고 온전하게 간직하면 '무엇을 생각하고 무엇을 사색하는가?'의 경지에 이르게 된다." [전습록 상, 40조목]

전통 유학에서 강조하는 진정한 학문은 오늘날 학교에서 가르치는 지적인 측면에서의 편중된 공부와 완전히 다르다. 전통 유학의 공부는 외우고 이해하며 응용하고 적용하려는 '뇌'에 해당하는 공부가 아니라, 진정으로 나 자신을 찾아내고 나 자신의 사람됨을 완성해 내려는 전인적 인간을 목표로 설정한 공부다. 그렇다면 이를 이뤄 내기 위한 공부 방법에는 무엇이 있을까? 왕수인은 '정좌'와 '성찰'을 제시한다. 정좌는 일체의 잡념과 사념으로부터 벗어날 수 있는 공부법 가운데 하나다. 또 고요히 앉아 묵념하는 것은 모든 학문의 시작이면서 동시에 어떤 과정에서도 수반되어야 하는 공부법이란다. 나에게 방금 지적 호기심이 발동되었다고 하여 무작정 주자학에서 제시한 격물치지 내지 독서로 진입하기보다는, 자신의 마음과 정신을 집중하고 고요함 속에서 자신의 마음을 되돌아본 뒤 구체적 사물에 나아가 지식을 쌓는 순으로 나갈 것을 독려한다. 그러니 공부의 시작은 주자학에서처럼 즉물궁리가 아니라 정좌여야 한다는 것이다. 즉물궁리(卽物窮理)란 '지식을 쌓고자 하는 사물[物]에 바로 나아가서[卽] 그 이치[理]를 연구한다[窮].'라는 뜻이다. 왕수인은 공부의 시작이 나의 마음의 안정과 차분함을 이룬 정좌로부터 시작하여, 이후 외부 사물이 가지고 있는 이치를 연구해 나가는 순서를 권장한다.

그러나 정좌를 통하여 마음은 고요해질 수 있지만, 그것만으로는 부족하다. 정좌를 통해 얻어진 고요함 속에서 항상 자신을 되돌아보며 반성하는 성찰과 자신의 욕망을 극복하고 다스릴 줄 아는 극치를 병행해야 한다. 매 순간 나를 되돌아보며, 맑고 환한 내 마음의 본체인 양지가 다른 욕망으로 인하여 가려지지 않기 위함이다. 그래서 결국 모든 마음의 병적인 요소가 사라지고 나면, 비로소 세상에 아무런 생각과 아무런 걱정도 필요 없는 편안한 경지에 이르게 될 수 있다.

모든 경서를 압축해 표현한 말, 사무사

황면지(이름은 성증으로 양명의 제자)가 여쭈었다.

"《시경》을 한마디 말로 말하면 '생각이 바르므로 사악함이 없다.'라는 사무사(思無邪)라고 《논어》에 나오는데, 어찌 시경 삼백 편의 핵심을 한마디 말로 함축할 수 있겠습니까?"

양명 선생이 대답했다.

"어찌 《시경》 삼백 편뿐이겠느냐? 육경(六經) 전체를 한마디 말로 언급하여도 '사무사' 이 한마디면 충분할 것이다. 심지어 고금 이래 천하의 모든 성현들 말씀을 통틀어도 사무사 이 한마디 말로 결론지을 수 있을 것이다. 이 밖에 또 다른 무슨 말이 필요하겠는가? 이것이 바로 하나를 알면 백 가지를 알게 되는 공부인 것이다." [전습록 하, 49조목]

《논어》〈위정〉 편에서 공자는 다음과 같이 말했다. "시 삼백 편을 한마디 말로 표현해 볼 수 있다면 생각에 사악함이 없다." 공자는 백성들의 노래 가사에 여과 없이 드러난 인간의 감정이야말로 '인간의 생각은 바르므로 사특함이 없는 순수한 마음의 표현'이라고 생각했다. 그런 까닭에 사무사라는 한마디는 시경 삼백 수의 핵심을 말하는 것은 물론이고, 유가의 모든 경서와 모든 성현의 말씀을 총결할 수 있는 한자어가 되었다.

전통 유학에서 말하는 '시'란 지금의 한시와 같이 운율을 맞춰 가며 화려한 수식을 붙여 넣은 운문이 아니다. 그저 사람들 사이에서 민요처럼 불리는 것으로, 백성들 입장에서 보자면 거짓 없고 꾸밈없는 순수한 감정이 표출된 노래 가사다. 그리고 이러한 노랫말은 백성들 사이에 공감대를 얻어 서로의 애환과 소망을 그려 내는 작품으로 승화되었다. 따라서 봉건시대 통치의 잘잘못을 단번에 알 수 있는 창구 역시, 그 나라에 들어가 백성들 사이에 유행하는 노랫말을 들어 보면 금방 알 수 있다고까지 한다. 이를 《예기》에서는 채시(采詩)라 하였는데, '그 나라 봉건영주의 정치 실정을 알기 위하여 민간에 유행하는 노래[詩]를 모으는[采] 일'을 뜻한다.

이렇듯 백성들의 심정이 꾸밈없이 표출된 노랫말을 공자는 한마디로 '사무사'로 함축했던 것이다. 이는 시를 짓는 사람의 정신이나 마음이 허위나 거짓 없이 마음속 깊은 곳의 성실함과 순수함을 모두 드러내 놓은 것이라고 여겼기 때문이다. 자신의 마음보다 더 과장된 표현으로 나타내는 것은 인간의 순수함을 상실한 것이며, 허위이고 허례다. 그러므로 왕수인은 인간이 비록 어리석고 순박한 모습을 보일지 몰라도, 자신의 마음속을 감정으로 표출하는 노랫말에는 거짓과 허위가 있을 수 없다고 생각했다. 아마 이러한 면에서는 왕수인이나 주희의 관점도 비슷했을 것이다. 주희 역시, 사무사를 인간의 성실함과 순수함이 발현된 형국이라고 풀이했기 때문이다.

아동의 예절 교육에 대하여

"대체적으로 예를 익힐 때에는 반드시 마음을 맑게 하고 생각을 엄숙하게 해야 한다. 그리고 그 의식의 순서들을 상세하게 알고, 그 동작을 취함에는 법도 있게 해야 한다. 혹 소홀히 하거나 게을리 해서도 안 되고, 주저하거나 부끄러워해서도 안 된다. 침착하되 너무 완만하게 해서도 안 된다. 매사 신중하고 조심성을 잃지 말아야 할 것이며, 이렇게 오래 예절을 배우다 보면 자신도 모르게 용모가 단정하고 덕성이 고상하게 자리하게 될 것이다." [전습록 중, 198조목]

〈교약(敎約)〉은 왕수인이 유백송이라는 사람에게 보낸 편지글 가운데 하나다. 당시 교사 신분이었던 유백송에게 왕수인은 아동 교육에 관한 개론적 이야기를 전달하는 내용으로 편지를 보냈다. 그리고 그 서간의 주된 내용은 예절 교육에 관한 자신의 의견과 실질적으로 효과를 볼 수 있는 방법들에 관한 것이었다. 말하자면 〈교약〉은 양명이 제시한 아동 교육과 예절 교육의 실제 수업 방법이다.

전통 유학에서의 예(禮)의 관점으로 논한 기본 교육을 살펴보면,

《논어》에 언급되어 있는 바와 같이 '예가 아니면 보지도 말고, 듣지도 말며, 말하지도 말고, 행동으로 옮기지도 말라.'이다. 즉, 이목구비와 사지는 반드시 예에 준거하였을 때 움직임이 가능하다는 것이다. 그렇기 때문에 사람의 몸동작 하나에서도 반드시 예에 근거한 행동을 보여야 한다. 이렇게 이목구비와 사지로 표현되는 몸동작은 예를 통하여 표출된 것이라고는 하나, 이는 반드시 자신의 마음이 허락한 것만을 표출한 것이기도 하다. 일례로 자신의 몸을 닦는다는 수신(修身)도 성실하고 신중하게 마음과 몸을 바르게 한다는 의미가 내포되어 있다. 《대학》에서도 이른바 '마음을 바르게 한다'는 정심(正心)은 수신과 하나로 통합되어 서술되어 있다.

왕수인은 마음과 몸의 수양이 일체가 되는 것이야말로 인간 본연의 마음인 양지와 양심을 실천으로 옮겼을 때 가능하다고 보았다. 이렇게 되었을 때만이 스스로 옳고 그름과 선함과 악함을 판단하여 스스로의 행위에 부끄러움 없이 즐거운 경지에 도달할 수 있다는 것이다. 따라서 아동들의 예절 교육은 심신을 수양하는 일련의 기초과정이 매우 중요하며, 이를 통해 양심과 양지가 떳떳하게 자리할 수 있는 바탕을 마련해 주는 것을 필수 요건으로 생각했다.

마음공부 또한 의지가 중요하다

어떤 사람이 질문했다.

"저는 진정한 마음공부를 하고 싶은데, 부모님을 봉양하기 위해서는 과거 시험을 준비하지 않으면 안 되기 때문에 번거로움에서 벗어날 수 없습니다."

양명 선생이 말씀하셨다.

"부모님을 봉양하기 위해 과거 시험을 준비하는 것이 참된 마음공부에 방해가 된다면, 농사를 지어 부모님을 봉양하는 것도 참된 마음공부에 방해가 되지 않겠느냐? 선현께서 말하길 '오직 너의 의지가 약한 것이 걱정이로구나!'라고 하셨다. 오직 학문을 하려는 뜻이 참되고 절실하지 못함을 걱정하면 될 일이다." [전습록 상, 104조목]

전통 유학에서는 경서를 외우고 공부하는 것은 마음을 수양하고 인격을 연마하기 위한 것이라 여겼지만, 이면에는 과거 시험을 준비하기 위한 방편으로 경서를 암송하기도 하였다. 질문자는 과거 시험에 급제하고자 경서를 암기해야 하므로, 별도로 시간을 내어 차분히 경서의 뜻을 음미하고 스스로의 삶을 반성하며 마음공부를 할 여유가 없어 안타깝다고 말한다. 당시 과거 시험은 지금으로 치면 행정고시 준비나 대학 입시 준비에 버금가는 일이었다.

그런데 이 질문에 대한 양명의 대답은 의외로 간단했다. 네가 지금 무엇을 하고 있든지 마음공부를 하는 것은 오직 네가 하고자 하는 의지에 달렸을 뿐이다. 먹고살기 위해 바쁜 것은 누구나 마찬가지이고, 누구에게나 현실적인 일은 중요하고 시급하다. 하지만 당장 시간이 없고 마음의 여유가 없이 바쁘다고 하여, 눈앞의 일들에 온통 마음을 빼앗겨 나를 잃어버리고 이리저리 휩쓸려 사는 것이야말로 결국 네 마음속의 의지가 빈약한 탓이라고 충고한다.

물론 그렇다고 해서 원래 태어날 때부터 의지가 강한 사람이 따로 있는 것도 아니다. 온종일 바쁘게 일하고 저녁 무렵 집에 돌아와 아무리 피곤할지라도 오늘 밤 좋아하는 사람과의 만남이 약속되어 있다면, 자연스럽게 정신을 가다듬고 새로운 의지를 불태울 수 있는 것 또한 사람이다. 마음을 추스르기 위한 의지가 약한 것이 아니라, 마음공부에 침잠하고픈 간절함과 절실함이 부족함을 걱정해야 한다. 내 마음속의 의지를 연마하겠다는 간절함과 절실함만 있으면 농사를 지으면서도 마음공부를 할 수 있듯이, 과거 시험을 준비하면서도 참된 내 마음을 바로 할 수 있는 여력이 생길 것이다.

명예보다 진실을 찾고자 공부하라

양명 선생이 말씀하셨다.

"참된 공부를 하는 데에 가장 큰 장애는 명예를 좋아하는 것이다."

설간이라는 제자가 물었다.

"저는 작년까지만 하여도 이 명예라는 병을 어느 정도 덜어 냈다고 생각했는데, 요즘 와서 다시 살펴보니 그렇지 않다는 것을 알게 되었습니다. 언제나 외형적인 저의 모습만을 꾸미고, 사람들의 시선을 의식하고 있으며, 누가 나를 칭찬하면 기쁘고 나를 비판하면 괴로워합니다. 이것이 바로 명예라는 병이 자꾸 고개를 쳐들고 나오는 것이 아니겠습니까?"

양명 선생이 말씀하셨다.

"그렇다. 명예와 진실은 상반된 것이다. 진실해지겠다는 마음이 조금이라도 강해지면 명예를 드러내겠다는 마음은 조금이라도 줄어들게 된다. 진실하고자 하는 마음이 완전해지면 명예를 드러내려는 마음은 완전히 없어진다. 만일 진실해지겠다는 마음이 마치 배고플 때 밥 먹고 싶은 마음처럼 또는 목마를 때 물 마시고 싶은 마음처럼만

된다면, 명예에 대한 욕심 같은 것이 무슨 문제가 되겠느냐?" [전습록 상, 106조목]

참된 인간이 되기 위한 마음공부를 하면서 가장 어려운 점 중 하나가 남에게 잘 보이고 싶은 명예욕이다. 잘난 척하고 싶고 아는 척하고 싶은 것, 남에게 인정받고 싶고 존경받고 싶은 것 등은 인간이 피해 가기 어려운 욕구다. 그래서 '남의 스승 되고 싶어 하는 병이 가장 고치기 어렵다.'라는 말도 있다. 그저 남의 단점을 지적하여 남 위에서 '갑질' 하고픈 욕구는 누구에게나 있다는 의미다.

인간은 다 함께 어울려 살아가는 사회적 존재이고 자신의 존재 가치를 타인과의 관계 속에서 설정하는 경향이 있기 때문에, 남의 눈을 의식하고 남에게 인정받고 싶어 함은 자연스러운 모습일지도 모른다. 그러나 참된 자신의 모습을 찾고자 한다면, 이런 명예욕을 벗어날 수 있어야 한다. 그렇다면 명예욕을 벗어나는 가장 좋은 방법은 무엇일까? 왕수인에 따르면, 나 스스로에게 진실하겠다는 마음을 강하게 가지면 된다. 내면으로 참된 나의 마음을 발견하고 진실한 마음을 유지하게 되면, 겉으로 드러나는 모습에 대하여 남의 시선을 의식하거나 연연할 필요조차 느낄 수 없다는 것이다. 내가 가지고 있는 가장 진실한 마음이 다른 사람들에게 있는 가장 진실한 마음과 다르지 않고, 가장 참되고 근원적인 곳에서 나와 남이 하나라는 사실을 알게 되면 더는 남에게 잘 보일 필요가 없기 때문이다. 그렇다면 얼마만큼 강하게, 얼마나 절실하게 그러한 마음을 가져야 할까? 왕수인은 마치 배고플 때 음식을 떠올리고 목마를 때 물을 생각을 하는 것처럼 간절해지라고 한다. 배가 고프거나 목이 마를 때에는 다른 것은 아무것도 생각나지 않고 오직 음식과 물만 떠올린다. 이 같은 마음처럼 스스로에게 '진실한 사람이 되려고 마음먹으라'는 것이다.

충(忠)이라는 한자를 보자. 혹자는 '충'의 훈과 음을 새길 때 '충성할 충'으로 풀이한다. 그러나 이것은 엄밀한 의미로 보자면 잘못된 것이다. '충'은 '가운데 중[中]'과 '마음 심[心]'이 상하로 결합하여 만들어진 글자이다. '중'은 가운데·중심·속이라는 여러 중의적인 뜻을 가진 한자다. 그러니 충(忠)은 '내 마음속 깊은 곳'을 상징하는 글자이며, 굳이 우리말로 바꾸어 말한다면 진솔함·진실됨·충직함·거짓 없는 순수함 정도가 옳은 풀이다.

다른 사람에게 관대하고 자신에게 엄격하라

한 제자가 있었는데, 그 제자는 언제나 신경질을 잘 내고 남에게 야단치기를 잘했다. 양명 선생이 그를 훈계하시며 이렇게 말했다.

"공부하는 사람은 언제나 자기를 반성해야 한다. 만약 쓸데없이 다른 사람의 잘못을 지적하다 보면 다른 사람의 잘못은 알지만 자기 잘못은 보지 못하게 된다. 만일 자기를 반성할 줄 알아서 자기의 부족한 점을 많이 발견하게 된다면, 어떻게 남을 꾸짖을 여유가 있겠느냐? 옛날 순임금이 자신의 이복동생인 '상'의 교만함을 교화시킬 수 있었는데, 그 요령은 바로 상의 단점을 절대 보지 않았다는 데에 있었다. 만일 순임금이 상의 간악한 점을 바로잡으려고 했다면, 상의 단점을 보았을 것 아니겠는가? 상은 매우 교만하여 절대로 남에게 고개를 숙이지 않는 사람인데 어떻게 상을 감화시킬 수 있었겠는가? 너도 이후부터는 다른 사람의 잘못에 대해 문제 삼지 마라. 다른 사람의 잘못을 지적하려는 생각이 들면 그것이 바로 너 자신의 큰 잘못이라고 생각해라. 그래야만 너의 단점을 없앨 수 있을 것이다." [전습록 하, 45조목]

다른 사람의 단점에 대해 지나치게 지적하려고 들지 말라는 이야기인데, 여기에서는 두 가지 의미를 찾을 수 있다. 첫째, 타인의 단점에 신경 쓸 시간이나 여력이 있으면 먼저 스스로 자신의 문제점을 반성하고 고치는 데에 주력하라는 이야기다. 우리는 흔히 나의 잘못은 단순한 실수로 치부하고 넘어가면서, 남의 실수는 있을 수 없는 심각한 잘못으로 생각하기 쉽다. 마치 요즘 우리나라에서 만들어 낸 '내로남불'이라는 신조어와 같다. 내가 하면 로맨스이고, 남이 하면 불륜이다? 어찌 가당키나 한 말이겠는가? 우리가 남에게 손가락질을 할 때, 손가락질하고 있는 나 자신의 손을 물끄러미 쳐다보면 알 것이다. 집게손가락이 남을 가리키고 있을지 몰라도, 나머지 네 개의 손가락은 자신을 지적하고 있다는 것을.

둘째, 남을 고쳐 보겠다는 생각부터가 교만이자 잘못된 편견이다. 상대방과 자신을 비교해서 나는 옳고 상대방은 무조건 그르다고 하는 것 자체가 문제다. 설사 객관적으로 볼 때 상대방이 잘못했을 수도 있겠지만, 그런 경우라도 상대방을 비난하거나 또는 그의 잘못된 점을 뜯어고치겠다는 생각은 오만일 뿐이다. 상대방 역시 나와 동등한 온전한 인격체이며, 이 세상에 나보다 못한 사람은 없다는 생각을 먼저 떠올려야 한다. 그러니 남을 바로잡는다는 생각은 그 자체로 선부른 오만이며 잘못이다.

그러면서 왕수인은 순임금이 상을 감화시킨 방법을 예로 들고 있다. 순이 이복동생인 상의 단점이나 결함을 꼬투리 삼아 지적하고 비판했다면 결코 그를 교화시킬 수 없었겠지만, 순은 그저 그를 진실한 사랑의 마음으로 대해 줌으로써 교화시킬 수 있었다는 말이다. 상대방이 진심으로 잘되기를 바라는 마음을 품을 때, 상대방 역시 자신의 잘못을 반성하고 더 훌륭한 상태로 자연스럽게 변화할 수 있다. 그러한 진심과 애정 없이 비판만 앞선다면 상대방으로부터 원망과 미움만 받게 될 뿐이다. 우리네 일상에서 이러한 가르침을 가장 시급하게 받아들여야 할 사람이 있다. 바로 권력을 가진 사람들이다. 권력을 가진 사람은 자신이 다른 사람들과 다르다고 생각하기 때문에 다른 사람에게는 엄격하고 자신에게는 늘 관대하다. 이렇게 잠재된 도덕적 위선과 이기심은 그 사회를 부패와 부정을 지속시키는 데에 큰 원인만을 제공할 뿐이다.

조장의 어리석음을 버려라

양명 선생이 말씀하셨다.

"여러분들이 공부를 할 때 고쳐야만 할 가장 나쁜 점은 억지로 빨리 이루어지기를 바라는 조장(助長)과 같은 것이다. 이 세상에서 정말로 뛰어난 지혜를 가진 사람은 거의 없다. 공부하는 사람이 단번에 최종의 목표인 성인(聖人)의 경지에 도달할 수는 없다. 한 번 올라갔다 한 번 내려가고, 한 걸음 나아가면 한 걸음 물러서는 것, 이것이 공부이다. 또한 내가 전날에는 공부가 잘되었는데 지금은 잘 안 된다고 하여 조급하게 억지로 실패하지 않은 척한다면, 조장이 되고 만다. 그렇게 되면 전에 했던 공부도 다 무너지게 되니 절대 작은 잘못이 아니다.

비유하면, 길을 걷는 사람이 돌부리에 한번 걸려서 넘어졌을 때에는 또 일어나서 걸으면 된다. 그런데 마치 과거에 넘어진 적이 없었던 양 보이기 위해 애쓸 필요는 없다. 여러분은 언제나 '세상에서 벗어나 숨어 있어도 고민이 없고 세상이 알아주지 않아도 고민이 없다.'라는 마음을 가져야 한다. 언제나 진실한 본연의 마음인 양지에만 의지하여 참고 견뎌 나가야 한다. 다른 사람이 나를 비웃거나 비방하든, 다른 사람이 나를 칭찬하거나 욕하든 상관하지 않아야 한다. 그때그때 공부를 하면서 어떤 때는 진보할 때도 있고 또 어떤 때는 후퇴하는 때도 있겠지만, 나는 오직 양지에 따라 행동해야만 한다. 그러면 차차 자연스럽게 내 속에 능력이 생길 것이고, 일체의 외부 일이 밀어닥쳐도 동요하지 않을 것이다."

양명 선생은 또 말했다.

"사람이 정말 착실하게 공부를 한다면 다른 사람이 나를 비난하면 비난할수록, 다른 사람이 나를 속이면 속일수록 더욱 좋아진다. 이러한 것들이 나를 덕으로 더 발전시킬 수 있는 재료가 되기 때문이다. 만일 열심히 공부하지 않는다면 이것이 마귀가 되어 마침내 이에 걸려 쓰러지고 말 것이다." [전습록 하, 43조목]

조장(助長)은 《맹자》 〈공손추〉 편에 나오는 한자성어다. 어느 농부가 논에 가서 벼가 빨리 자라지 않는 것을 답답해하다가, 하루는 논에 가서 벼를 쑥 잡아당겨 놓고 집에 돌아와 자랑하기를 "오늘 벼가 빨리 자랄 수 있도록 벼를 좀 더 뽑아 올려 놓았다."라고 했는데, 이 이야기를 듣고 가족들이 논으로 달려가 보니 벼는 이미 뿌리가 뽑혀서 말라 죽어 있더라는 이야기다. 조장은 본래 '성장하도록 돕다'라는 뜻의 한자어인데, 조급한 마음에 억지로 안 될 일을 해서 일을 망쳐 놓는 것을 비유할 때 쓴다.

여기서는 마음공부에 국한해 조장을 언급하고 있다. 마음을 수양시킨다고 하여 조급하게 서두른다고 완성되지 않는다. 맹자도 언급한 바와 같이, 사람이 호연지기(浩然之氣)를 키운다고 하여 결코 어느 한순간에 이러한 기운을 충만시킬 수는 없다. 부단히 정의로운 마음을 쌓듯, 내 마음의 양지에 사사로운 욕망이 붙지 않도록 몸가짐을 바로 하고 언행을 삼가야 한다. 설사 마음을 단단히 먹고 공부를 시작해서 단번에 아무런 시행착오 없이 목표를 달성할 수 있다면 얼마나 좋은 일이겠냐마는, 그럴 수는 없다는 것이 심신 수양이란다.

뜻대로 잘될 때가 있으면, 또 영 마음먹은 대로 되지 않을 때도 있다. 그러나 나는 그저 꾸준히 공부할 뿐, 잘되고 못되고는 외부 상황에 흔들리지 않아야 한다는 점이다. 내가 본래부터 타고난 본연의 마음인 양지를 꼭 붙잡고 지속적으로 공부하는 게 중요하지, 공부하는 과정에서 일시적으로 조금 진보하거나 후퇴하는 것을 문젯거리로 여겨서는 안 된다. 그런 일시적인 진보나 후퇴, 성공과 실패 과정에 집착하는 마음은 남의 시선을 의식할 경우 더더욱 강해진다. 내가 좀 더 나아졌다는 사실을 누가 좀 알아주지 않을까? 내가 실패한 것을 누가 알아내어 이를 약점으로 비판하면 어떡하나? 이런 생각들이 나를 멍들게 할 뿐, 더 이상의 발전을 기대하기에는 도움되지 않는 잡생각들이다. 그러므로 왕수인은 애초에 다른 사람의 시선이나 평가는 개의치 말고, 자신의 마음공부를 부단하게 이어 갈 것을 독려

한다. 진정한 자세는 순간적인 진보나 후퇴, 또는 다른 사람들의 호평과 혹평이 아니라, 자신만의 진실함과 성실함으로 노력하는 현재의 나 자신의 모습일 뿐이다.

《전습록》,
마음의 이치를 찾아 나선 한 지식인의 고뇌

1. 왕수인의 생애

1) 총명함과 호방함을 갖춘 타고난 학자

　양명(陽明) 왕수인(王守仁, 1472~1528)은 중국 명나라 중기의 유학자로, 당시 정치적·사회적 측면에서 다양한 문제의식으로 점철되어 오던 주자학의 한계를 극복하기 위하여 학설과 이론을 정립하여 하나의 학문 체계를 이루었다. 후대 사람들은 이 학문을 그의 호인 양명을 빌려 양명학이라 하게 되었다. 어린 시절 이름은 운(雲)이었는데, 그가 5세까지 말을 못하자 그의 할아버지가 수인이라 개명했다고 전한다. 자는 백안(伯安), 호는 그가 살던 곳의 지명을 따 양명이라 했는데, 뒤에 그의 이름이 널리 알려지면서 양명 선생이라 불렸다. 그는 어려서부터 총명하고 호방했으며 12세 때에는 이미 성현이 되고자 하는 높은 뜻을 드러내기도 했다. 이와 연관된 일화로 다음과 같은 이야기가 전한다.

한번은 그가 서당 선생에게 이렇게 물었다.

"천하에서 제일가는 일이 무엇입니까?"

그러자 서당 선생이 대답했다.

"책을 읽어 과거에 장원급제하여 벼슬자리에 오르는 게 으뜸이지."

이 말을 들은 왕수인은 이렇게 말했다.

"독서를 열심히 하여 성인(聖人)이 되는 것이 최고지요."

한갓 과거 시험에 1등으로 합격하여 신분이 상승되고 부귀영달을 누리는 세속의 욕망은 부질없다고 여긴 대답이다. 오히려 참된 성인 군자의 반열에 오르는 일이 인간으로 태어나 가장 중요하다는 생각이 담겨 있다.

그는 어린 시절 고향인 항주 여요현에서 할아버지에게 글을 배웠으나, 11세 되던 해 아버지를 따라 북경으로 가서 한 서당 선생님에게서 배웠다. 위 일화는 북경 시절 초기의 이야기다. 그의 총명함과 호방함은 다음과 같은 이야기에서 또 잘 나타난다.

14세 무렵 그는 글공부보다는 말타기·활쏘기 등을 배우고 병서를 익히는 데에 더욱 열중했다. 그 이유에 대해 묻자 이렇게 대답했다고 한다.

"지금 유학자들이 공연히 문장만 공부하고 부귀를 찾으며 글짓기나 즐기는데, 일단 변고가 터지면 전혀 손도 쓰지 못하고 속수무책일 뿐이다. 참으로 부끄러운 일이 아니겠는가?"

당시 명나라는 밖으로는 서북방의 이민족 침입에 시달리고 안으로는 환관들의 비리로 정치가 문란해 민란이 자주 일어나는 등 혼란스러웠다. 이에 대한 대처가 절실한 상황이었다. 양명은 어린 나이였지만 당시의 상황을 꿰뚫어 보고, 무릇 학자는 무인으로서의 호방함을 키우는 일도 의미 있다는 뜻에서 이 같은 말을 한 것이다.

그는 17세에 결혼한 후 잠시 도가의 양생술에 빠지기도 했지만, 18세 무렵부터는 주자학을 배워 심취했고 주희의 학설을 그대로 실천에 옮기려는 실증적인 학문 자세를 취하기도 했다.

2) 주자학을 극복하고 성인의 도를 깨닫기까지

그런데 왕수인이 주자학에 의문과 회의를 품고 새로운 학문을 주창하는 계기가 된 유명한 일화가 있다. 왕수인은 21세 되던 해에 주희의 책을 탐독하던 중 "풀 한 포기와 나무 한 그루에도 지극한 이치가 있다."라는 구절을 읽고 7일 동안 뜰 앞의 대나무를 들여다보며 격물(格物, 사물에 다가감. 즉 대나무를 마주함)을 시험해 보았다. 그러나 아무것도 얻지 못하고 도리어 병만 얻었다. 이를 세간에서는 격죽(格竹)이라고도 한다. 격죽이란 '대나무를 바라보며 대나무[竹]의 이치에 다가간다[格].'라는 의미다. 왕수인은 주자의 말에 따라, 대나무를 오랜 시간 바라보고 생각하고 있노라면 대나무의 이치를 터득할 수 있다고 생각했다. 그러나 그는 대나무를 마주하는 격죽에서 아무것도 얻지 못했던 것이다.

이와 같은 실증적인 학문 태도로 인하여 그는 주자학에 대해 끊임없이 의문을 품다가, 35세 되던 해 귀주의 용장이라는 곳으로 귀양을 간 뒤 새로운 깨달음을 얻는다. 그가 용장에서 큰 깨달음을 얻었다고 하여 후세에서는 이를 '용장(龍場)의 대오(大悟, 큰 깨달음)'라고 한다. 용장의 큰 깨달음은 주자가 말했던 "사물을 깊이 탐구하면 그 이치를 깨닫는다."라는 격물론을 실증적으로 증명해 보려는 왕수인의 자세에서 시작되었는데, 주자학에서 강조하는 지식 위주의 성리학 이론들이 지금 나라가 처한 현실과 너무나도 맞지 않음을 시사한다.

용장의 깨달음은 그가 과거 시험에 합격해 관리로 일하던 30대 시절의 이야기이다. 20대 초중반 시절의 왕수인은 한편으로는 성현에 뜻을 두는가 하면, 다른 한편으로는 과거에 합격해 관리가 되려고 노력하는 등 다소 방황하는 모습을 보였다. 그는 회시(會試, 지방 시험인 향시에 합격한 사람들이 모여서 북경에서 치르는 중앙 시험)에 두 번 낙방한 뒤, 고향으로 돌아와 시를 짓고 문장을 외우는 이른바 사장학(詞章學)에 몰두한다. 그러나 26세 때에는 다시 금릉 지역으로 돌아와 병서(兵書)에 관심을 가졌고, 27세 되던 해에는 사장과 예능 및 기타 잡서 등이 진리를 탐구하는 데 별반 도움이 되지 않는다는 것을 자각하고 번민하였다. 그러던 중 우연히 도교의 도사를 만나 홀연히 세상을 떠나 입산을 계획한다. 그 배경에는, 어린 시절부터 몸이 허약해 도교의 양생술에 관심을 갖고 체질을 개선하는 데에 관심이 많았다는 이유도 빼놓을 수 없다. 양생술이란 단전호흡을 통해 기력을 기르는 도인들의 방술과 같은 것이다. 지금으로 말하자면 이른바 웰빙 생활과 비슷한데, 산속 같은 자연에서 거주하며 '자연인'처럼 살아가는 사람 정도로 보아도 무리는 아니다.

양생술을 터득하고자 입산 계획까지 세웠건만 28세가 된 이듬해에 회시에 합격하여 진사(進士)가 되면서 29세부터는 곧장 벼슬에 나가게 되었다. 그러나 건강이 악화되면서 고향에 있는 양명동으로 돌아와 은거한다. 왕수인은 이 시기에 양생술이 인간의 정신을 희롱하게 만들며 사람이 배워야 할 참된 도리는 아닌 것 같다고 뉘우친다. 그래서 유학자로서의 본분을 지키고자, 당시 유행하던 선가와 불가의 문제점을 지적하려는 뜻에서 학생들을 가르치고 계도에 나선다.

한편 그는 35세 때 환관(宦官) 유근의 전횡과 횡포를 탄핵하는 상소를 올렸다가 오히려 감옥에 갇히고 급기야 귀주 지역의 용장으로 귀양살이까지 떠나는 불운을 겪는다. 용장은 험난하고 척박한 땅이라서 사람이 살아가기에는 매우 힘든 곳이었으나, 그곳에서 일체의 영욕과 이해득실을 초월하고 밤낮으로 올곧은 선비의 모습을 지켜 가며 오직 학문 연구에만 전념한다. 그러다가 앞서 말한 바와 같이 용장으로 온 지 2년 만인 37세 때 성인의 도에 대해 크게 깨닫는다. 그는 성인의 도란 특정한 사람에게만 주어지는 것이 아니라 나의 본성에 자족하면 가능하다고 생각했다. 일찍이 맹자가 말한 바와 같이, "내 마음속에 성인이 되려는 의지만 있으면, 사람은 누구나 요순과 같은 성인의 경지에 이를 수 있다."는 것이다.

3) 양명학파의 등장과 《전습록》 간행

이때부터 그의 사상이 체계적인 형식을 갖추기 시작하며 하나의 학설로 완성되기 시작한다. 왕수인은 격죽을 통하여 얻은 심즉리(心卽理, 내 마음이 곧 세상의 이치)설을 제창한 이후 38세 때 지행합일(知行合一)설을 내놓았고, 이후 그의 학문은 본격적인 궤도에 오르며 세간으로부터 주목받는다. 더불어 그를 따르려는 제자와 문인들 수가 급격히 늘면서 이른바 양명학파가 등장하기에 이른다.

그렇다고 그의 사상이 공맹유학의 본지로부터 어긋난 것은 아니었다. 인간관계의 성숙함을 통해 이상사회를 실현하고자 했던 유학의 본지를 잃은 채 호의호식하며 거들먹거리는, 이른바 유학자라는 지식인의 허위의식으로부터 벗어나 진정한 인간됨과 사랑의 정신, 진심 어린 공감이야말로 성인에 이르는 길임을 천명했을 뿐이다. 그는 관리로서 여러 벼슬을 도맡기도 했는데, 마을 공동체를 발전시키기 위해 향약(鄕約)을 통하여 백성들 사이에 퍼져 있는 낡은 풍속과 잘못된 관습을 바꾸려는 데에 많은 시간을 투여했다. 아마도 그의 실천 지향과 사회 개혁 의지의 맹아가 여기에서부터 이미 싹텄는지도 모른다. 또한 왕수인은 공자가 강조했던 효제충신과 같은 인간됨의 도리를 가르쳐야 한다고 생각하고 사학(私學)의 재건을 강조하였다. 이 시기 그가 말한 "산속의 도적을 없애기는 쉬우나, 내 마음속의 도적을 깨부수기는 어렵다[破山中之賊易 破心中之賊難]."라는 말은 아직까지도 많은 사람들에게 회자되는 명언이다.

　이후 그는 강학 활동에 전념했고 많은 강의와 열띤 논쟁들이 이루어졌는데, 그의 제자인 설간(薛侃)이 양명 선생의 강의록과 서간문 등을 엮어 《전습록》을 간행한다. 왕수인의 나이 47세 때의 일이다. 왕수인은 50세 때 치양지(致良知)설을 주창하였고, 53세 때에는 남대길(南大吉)이라는 문인에 의해 《전습록》이 속간(續刊, 간행이 중단되었다가 다시 간행됨)되었다. 이후 삼사 년 동안 그의 대표 제자이자 양명 후학의 양대 산맥이라 할 수 있는 전덕홍, 왕기 등과 서신을 주고받으면서 그의 학문 체계는 그 깊이를 더하고 더 탄탄해진다.

　57세 되던 해(1528년) 왕수인은 왕명을 받아 어느 지방의 민란을 평정하러 떠났다가 임무를 마치고 귀환하던 중 병을 얻어 11월 강서성 남단에 있는 남안이라는 곳에서 일생을 마친다. 이때 함께 있던 제자 주적(周積)이 유언을 물으니, 왕수인은 다음과 같은 말을 남겼다고 전한다. "이 마음이 밝고 환한데, 다시 무슨 말이 필요하겠느냐?" 이렇게 그는 인생의 마지막 갈림길에서도 마음의 요체를 여운으로 남기며 소박한 미소와 함께 운명했다.

세상을 떠난 뒤, 왕수인은 1567년에 문성(文成)이라는 시호를 받고 문묘(文廟)에 배향되었다. 시호는 신하가 죽은 뒤 임금이 그 신하에게 주는 가장 명예로운 호(號)이다. 그런 시호 중 문관으로서 최고의 삶을 살아간 자에게는 '문' 자를 하사하고, 무관으로서 최고임을 인정할 때는 '무'라는 글자를 붙이는 것이 통상 관례였다. 왕수인은 무관으로서 혁혁한 공을 세우기도 했지만 새로운 성인의 도를 밝히고자 부단히 노력했고 또한 그 결실이 적지 않았으니, 문성이라는 시호를 받은 것이 어쩌면 당연할 것이다.

2. 왕수인의 시대와 주자학

1) 유학의 변천사

춘추전국시대에 중국에는 공자와 맹자라는 성현이 나타나 인간 세계의 질서와 평화를 위하여 언행에 대한 가르침을 주었다. 이 학문을 우리는 흔히 유학이나 유가라 하고, 그것이 종교 차원으로까지 발전하면 유교라고 한다. 유가의 학문은 이후 오랜 세월 동안 동아시아에서 중요한 사상으로서 역할을 했는데, 그 흐름을 시대별로 크게 네 가지로 분류할 수 있다. 첫 번째는 진시황제 이전 춘추전국시대의 유학이자 원시유가(原始儒家)라고도 하며 공자와 맹자를 중심으로 하는 유학이다. 이를 선진유학(先秦儒學, 진나라 이전의 유학)이라고 한다. 두 번째는 한나라부터 당나라 시대에 이르기까지, 유학이 사상적·철리적 체계를 강화하기보다 과거 시험을 보는 경서로서의 역할이 강조되며 각종 해석집이 나왔던 한당(漢唐) 시대의 훈고학(訓詁學)이다. 세 번째는 송나라에서 명나라까지, 도가와 불가에 대항하며 공맹유학을 철학적으로 끌어올려 기존의 경서 중심에서 벗어나 심화된 철학 체계로 재무장한 성리학이다. 송대의 주자학과 명대의 양명학을 포함했다고 하여 송명성리학(宋明性理學)이라고도 한다. 네 번째는 모든 학설들과 경전 해석에 의문과 회의를 품으며 기존에 있어 왔던 경전의 진위마저도 다시 한 번 철저히 검증하려 했던 청대고증학(淸代考證學)이 있다.

먼저 진시황 이전의 공맹유학이라 할 선진유학은 기존의 의례와 사상이 아직 종교나 철학으로 분화되기 이전에 나온 것으로, 도덕 실천 위주의 사상이다. 인간 사회에 예(禮) 중심의 문화를 강조하며 이를 실천하는 것을 주요 지침으로 삼았다. 그러나 춘추전국시대의 혼란한 상황을 겪으며 각국 위정자들은 인간의 도덕성을 강조하는 공맹의 학설과 가르침을 받아들이지 않았다. 결국 저마다 부국강병(富

國强兵)만을 추구하며 피비린내 나는 전쟁의 소용돌이 속에 스스로 휘말리고 만다. 이러한 혼란의 춘추전국시대를 통일한 사람이 바로 그 유명한 진시황(秦始皇)이다. 진시황이라는 말은, 문자 그대로 앞선 시대까지만 하여도 각국의 군주를 왕(王)이라고 불렀던 데에 반해 전국시대를 통일한 진나라 왕은 기존의 왕보다 더 높은 호칭으로 불려야 한다는 의미에서 새롭게 만든 '황제'라는 칭호에 그것을 처음으로 사용했다고 하여 '처음 시(始)' 자를 앞에 덧붙여 나온 것이다.

그런데 진시황은 도덕 실천을 주장하는 공맹유학을 배척하고, 엄격한 질서와 강력한 형벌을 강조하는 한비자(韓非子)의 법가 사상을 통치 이념과 체제의 수단으로 채택한다. 혼란을 수습한 통일 왕조로서 백성과 문물 등을 바로잡고 국가 체제를 정비해 다스리는 과정에서 법치주의는 매우 실용적이며 유용한 측면이 있었다. 그러나 이것이 법치 만능주의로 흐르면 공동체적인 인간관계는 사라지고 서로를 고발의 대상으로 받아들이게 된다. 시황제 이후 실정과 부패도 있었지만, 법치주의라는 허울 아래 행해졌던 각종 공포와 잔혹함은 백성들로부터 반발을 샀다. 결국 진나라는 중국 역사상 가장 단명한 왕조로 전락하였다.

진나라가 무너진 뒤 다시 혼란의 시대가 찾아오지만, 그리 오래 지나지 않아 한나라의 유방(劉邦)이 등장하여 통일 제국의 위업을 달성한다. 한나라는 진나라의 실패를 반면교사로 삼아, 공맹유학을 다시 정통 학문으로 내세우고 유가에서 강조하던 각종 문물과 제도 정비에 나선다. 그리고 공맹유학의 정신을 한나라 제국의 건국 이념이자 통치 체제의 기틀로 삼아 안정적인 체제를 꾀하기에 이른다. 이후 공맹유학을 추숭하는 왕조라 자임하던 한나라는 중국 역사상 가장 장수한 왕조로, 전한(前漢, 왕망이 찬탈하기 이전의 한나라)과 후한(後漢, 왕망의 신나라를 무너뜨리고 한나라 황족인 유수에 의해 재건된 한나라)을 합하여 400여 년간 지속되었다.

2) 훈고학의 발전과 소멸

하지만 인류 역사에는 흥망성쇠의 법칙이 있듯이, 그 강성했던 한나라도 환관의 국정농단과 농민의 반란 등 혼란의 소용돌이를 겪으며 무너지고 만다. 이후 중국은 또다시 삼국시대와 위진남북조시대라는 분열의 시기를 마주한다. 이 혼란한 시기를 틈타 중국 대륙의 서쪽 지역으로부터 불교가 도입되는가 하면, 대내적으로는 신선이 되고자 하는 도가 사상이 널리 유행하면서 중국은 일대 정신적·정치적 혼란기를 맞이한다. 이 시기 각 왕조에서는 진시황의 갱유분서(坑儒焚書)로 소멸되다시피 했던 유교 경전을 다시 수집하고 정리하기에 이른다. 유실되었던 경전들을 수집하는 데에 그치지 않고, 공맹의 학술 내용이 고스란히 담겨 있는 경서 문구에 정확한 해석과 이해를 도모하고자 글자 하나하나, 구절구절마다 다양하게 풀이하면서 그 의미를 찾았다. 즉 경서 문장의 자구(字句) 풀이에 훈석(訓釋)을 하는 훈고학이 등장한다.

그러나 이렇게 유행하던 학문은 경전의 글자 하나하나를 끄집어내고 이를 따져 가며 재해석하는 것에만 매달리면서부터, 오히려 경전의 본래 의미와 가치를 저하하는 역기능을 낳고 만다. 혹자들은 이러한 학문 자세를 일컬어 "경전 속의 나무만 바라볼 뿐, 숲을 쳐다보지 못하는 형국"이라 비판했고, "손가락으로 달을 가리키니 달은 쳐다보지도 않고 손가락만 뚫어지게 바라보는 학문 태도"라고 혹평하기까지 하였다. 즉, 경전에 담긴 전체 대의를 찾아내고 참된 진리를 탐구하는 것이 아니라, 글자와 문구 해석에 의존하는 편협한 학문 자세에 치우치면서 그 한계를 벗어나지 못하였다는 비판이다. 결국 이러한 훈고학 풍조는 차츰 도가 사상과 불교 사상이 전래되면서 주류 학문의 위치에서 밀려나고 만다.

바야흐로 이러한 혼란을 재수습하는 과정에서 역사의 수면 위로 등장한 왕조가 수나라와 당나라였다. 이 시대에도 여전히 불교와 도가 사상이 주류를 이루고 있었다. 특히 당나라 왕조는 이세민과 이의민이 세운 왕조였는데, 이들의 성씨가 모두 이(李) 씨라는 점에 주목할 필요가 있다. 도가 사상의 대표로 알려진 노자의 성씨가 바로 이씨였기 때문에, 이세민과 이의민은 노자가 이 씨 성을 가진 사람이라는 이유만으로도 자신들과 동족이라 여겨 공맹유학보다 도가를 더 숭상하기까지 하였다. 한편 당나라 때 서쪽으로부터 유입된 불교는 당나라의 문화예술에 매우 큰 영향을 끼쳤다. 심지어 중국의 당나라 시기는 우리의 삼국시대에 해당되는데, 신라는 불교의 나라인 불국(佛國)을 자처하였으니, 그 의미는 지대하였다.

3) 성리학과 주자학의 전성시대

당나라 이후 등장한 송나라에는 기존 도불 사상의 적폐를 청산하고 그 폐단을 바로잡기 위하여 새로운 학문과 통치 이념이 필요하였다. 과거의 공맹유학에 형이상학적으로 논리를 세우고 철학 영역으로 체제를 갖추며, 유학의 경전들을 새로운 각도에서 재해석하려는 시도가 바로 이때 등장했다. 이때의 유학을 기존 공맹유학과 다른 새로운 유학이라는 의미로 신유학(新儒學)이라고 한다. 북방 요나라와 금나라 등, 이민족의 잦은 침입으로 인하여 자존심이 무너질 대로 무너진 송나라에는 한족(漢族) 중심의 구심점을 찾고 왕조를 하나로 뭉치게 할 건국 이념이 필요했다. 이때 이른바 성리학이 등장한다. 한족 중심의 유교 왕조를 재건하여 무지몽매한 이민족들을 누르고 빼앗긴 북방 지역의 수복을 꾀하려 했던 송나라에는 정신적 구심점을 찾기 위해 학문이나 이념이 필요했다. 그러한 상황에서 정치 이데올로기로서 성리학을 내세우는 것은 자연스러운 현상이었고, 그것은 외부로부터 침범당하지 못할 탄탄한 원칙이 되었다. 이렇게 등장한 성리학은 공맹유학의 실천적 성격을 철학적인 형이상학으로 바꾸었으며, 또한 도가와 불가를 배척하고 오직 성리철학 일존주의 학풍을 여는 시발점이 되었다.

이러한 구심점 역할을 해냈던 성리학을 완전한 학술 체제로 집대성한 인물이 바로 남송 시대의 주희이다. 후세 사람들은 주희의 학문을 높여 흔히 주자학이라고 칭한다. 사람의 성씨에 자(子)를 붙이는 것은 그 사람을 매우 높이 받들고 존경한다는 의미이다. 공구를 '공자'로, 맹가를 '맹자'로, 순경을 '순자'로 부르는 것처럼 주희를 '주자'라 칭한 것을 보면, 그에 대한 존경과 경외심이 어떠한지를 짐작게 한다.

이렇게 송나라 때 주자학은 그 전성시대를 맞았다. 주자가 남긴 가장 멋진 작품은 바로 사서(《대학》, 《논어》, 《맹자》, 《중용》의 네 가지 경서)를 편집하고 여기에 해석의 글을 모아 집대성한 《사서집주》라는 서적이다. 이후 원나라·명나라·청나라 등 세 왕조뿐만 아니라, 우리나라 조선왕조나 베트남 진왕조에서도 《사서집주》를 최고의 경서로 받아들였다는 점에서 그 학문적 파급 효과를 실감할 수 있다. 나아가 《사서집주》는 과거 시험 교재로도 사용되어, 베스트셀러의 반열을 넘어 스테디셀러가 되었다. 이 시대에 지식인을 자임하려면 최소한 《사서집주》 정도에 대해서는 읊을 수 있어야 했으니 말이다. 특히 지방에 묻혀 사는 처사(處士)이거나 정계에 진출하여 자신을 드러내고자 했던 선비들은 모두 과거 시험부터 통과해야 했다. 과거 시험을 통과하려면 주희의 《사서집주》를 달달 암송하고, 주희의 관점에서 세상을 바라보며 주희의 사고방식만으로 세상을 읽어 낼 줄 알아야만 했다. 그래야 세간으로부터 인정받을 수 있었다.

특히 명나라는 건국 초기에 몽골족이 세운 원나라 통치 아래에서도 과거 시험이 지속되었음을 강조하면서, 다시 한 번 확고하게 주자학을 나라의 통치 이념으로 내세웠다. 이러한 일련의 과정 속에서 성리학 서적의 간행과 편찬 사업이 활발했으며, 이 시기에《주자대전(朱子大全)》과 《성리대전(性理大全)》 등이 출간되기도 했다. 우리가 흔히 알고 있는 '명조체(明朝體)'라는 글자체가 이 시기 명나라 조정에서 간행한 글씨체에서 비롯되었음을 생각해 보면, 명나라 때 편찬 사업이 어느 정도였을지를 유추할 수 있겠다.

4) 양명학의 출현과 발전 그리고 고증학

그러나 명나라 중기 이후 주자학도 그 한계와 문제점을 점차 드러내기 시작했고, 주자학의 대항마로 양명학이 출현한다. 양명학도 역시 이치를 따지는 이학(理學)의 범주에서 바라보면 성리학의 분파 가운데 하나이다. 주자학은 '사물[物]의 이치를 하나하나 파악하는 과정[格物]을 겪어 가다가 어느 경지에 도달하게 되면 활연 관통하여 모든 이치를 알게[致知] 되는데, 이때야 비로소 성인(聖人)의 경지에 이를 수 있다'라고 주장했다. 이에 반하여 양명학은 '사람의 마음[心]이 곧 이치[理]인데 굳이 다른 사물의 이치를 먼저 알아 갈 필요가 있겠느냐며, 어린아이가 태어날 때부터 가졌었던 순수한 마음이 곧 내가 사람으로 존재하는 이치이자 양심이니 이 마음의 본질적인 모습만 바르게 할 수 있다면 사람은 누구나 성인이 될 수 있다'라고 주장한다.

여기에서 두 학파의 차이점이 드러난다. 즉 주자학과 양명학 이 두 학문은, 인간이 도덕 실천을 왜 해야만 하는지의 존재 이치와 마땅히 도덕을 실천하여 성인군자가 될 수 있는 방법론에서 시각 차이를 드러내었다. 주자학이 격물치지(格物致知)설을 강조하였다면, 양명학은 심즉리와 지행합일을 강조했다는 점에서 큰 경계를 나눌 수 있다. 그래서 주자학이 '성즉리(性卽理, 사물의 본성이 곧 이치)'라고 한 것에 대해 양명학에서는 '심즉리(心卽理, 마음이 곧 이치)'를 주장했다고 하는 것이다.

한편 명나라 이후 청나라 때는, 그간 지식인들이 줄곧 떠받들던 유학의 경전에도 여러 판본이 있으니 철저히 고증하여 무엇이 진정한 경전인지, 또한 그 내용도 정확히 공자나 맹자의 말씀과 부합하는지를 밝히는 새로운 학풍인 고증학이 등장한다. 기존의 주자학과 같은 성리학은 관료 중심 체제로 전락하면서 학문 성향이 그대로 통치체제로 전환되어 탁상공론이 되어 갔다. 따라서 현실과 유리된 채 진부하거나 고리타분한 형이상학적 말장난이나 내세운다는 평가로부터 자유롭지 못했다.

사람들은 성리학에 싫증을 느낀 나머지 현실과 사실적인 면에 토대를 두고 진실과 진리를 찾아내려는 새로운 실사구시(實事求是)의 학문이 일어나는데, 이것이 바로 '실학'이다. 실학을 꿈꾸는 지식인들은 옛 시절에 새겨진 금석 문자를 연구하는 금석학 또는 다양한 문서들을 고증하는 것부터 착수하여, 기존 성리학적 사고의 문제점을 바로잡아 현실에 적용하는 것이 목표였다. 유학 사상사를 들여다보면 양명학은 주자학과 마찬가지로 사물의 이치를 찾아내려는 이학의 한 분파였다는 점에서 공통분모를 갖는다. 같은 성리학의 분파일 뿐만 아니라, 성인군자가 되어야만 한다는 공맹유학과 그 궤를 같이하는 동질의 학문인 셈이다. 다만 양명학은 주자학으로 대표되던 당시 학문 사조에서 벗어나 실학으로 연계되는 과정에서 어떤 역할을 해냈다.

주자학의 가장 큰 병폐는, 통치 이념으로 굳어지면서 다른 학문을 배척하며 일존주의 성향을 갖게 되었고 우열 논리를 앞세운 탓에 학문 간 차이를 인정하는 데에 미흡하였다는 점이다. 명나라 중기에는 이미 사회적으로 자본주의가 싹트기 시작했고 귀족과 노비가 한 밥상에 마주 앉아 먹는 겸상까지 만연했다. 돈이나 재물을 받고 벼슬과 직위를 사고파는 매관매직(賣官賣職)의 폐단이 일어나는가 하면, 사농공상의 계층 간 갈등도 심화되며 남자와 여자의 성별 동질성도 대두

되는 시기였다. 이른바 근대화의 초입을 경험하는 시기에 양명학은 무엇보다 인간 중심과 인간 평등 그리고 앎과 실천의 문제에서 취해야 할 당위 법칙을 새롭게 해석하려 했던 학문이다. 내가 이미 가졌던 기득권을 버리고 타자와의 관계성을 내 안의 자율적 의지[良知·心]에 맞춰 나가려는 양명학 정신은, 아마도 인간 평등·계급 타파·남녀 평등 등에 앞장설 수 있는 파토스를 제공했던 것으로 보인다.

3. 《전습록》은 어떠한 책인가?

1) 《전습록》의 등장 배경

왕수인이 활동하던 명나라 중엽은 송나라 이후 전해 오던 유학의 흐름이 주자학 일변도로 치우치면서 그 문제점이 노출되던 시기였다. 왕수인은 이러한 현상을 다음과 같이 비판한다. "지금의 학자들은 과거 시험에 급제하기 위하여 습관적으로 화려한 문장이나 짓고 암송만을 일삼아 탁상공론만 하고 있다. 사상계는 다양한 측면이 배척되어 일존주의 학풍으로부터 벗어나지 못하고 있다. 또한 인간 본연의 마음을 극진히 하여 성인이 되고자 하는 정신은 아랑곳하지 않고, 저마다 진리를 찾는다는 명분하에 거짓된 선비들만이 세상에 가득 차 있다. 이러한 천하의 대란은 허황된 문장만이 극성하고, 실행으로 옮기려는 실천력은 쇠멸해 가는 데서 기인한 것이다."

이와 같이 왕수인은 이론적이고 고답적이면서도 도덕적인 실천은 아예 행하지 않는 당시 유자들의 이중성에 대해 격노하며 일침을 가한다. 따라서 왕수인은 사서오경에 대한 주자학적 사유로부터 해방되기를 강력히 요구하며,《대학》,《논어》,《맹자》,《중용》등 사서오경 안에 담긴 성인의 말씀이 과연 무엇인지, 그 진정한 의미를 찾아내고자 새로운 학문 방법론을 내세운다. 때로는 과거로부터 전해 내려오던 전통적인 해석에도 귀 기울일 필요가 있음을 역설하기도 한다. 지금까지 '있어 왔던' 주자학에서 앞으로 '있어야 할' 새로운 학풍의 등장을 갈망하는 마음이었다. 양명학은 주자학을 탈피하려는 성향과 함께 인간 내면에 있는 양심으로서의 능동 자세를 견지하고자 했으며, 자연스럽게 공자의 인(仁)과 맹자의 양지양능(良知良能, 교육이나 경험에 의하지 않고 선천적으로 사물을 판단하고 행할 수 있는 마음의 작용)으로 귀결되었다. 또한 편협한 이단관(異端觀, 주자 이외의 학설을 이단으로 간주하는 관점)으로부터 탈피해 공맹유학 본래로의 회귀를 강하게 주장하기에 이른다.

따라서 왕수인은 주자가《대학집주》에서 밝힌 여러 학설들을 부정하고, 경전의 옛 판본과 공맹유학의 본지를 내세우는 방향으로 입장을 선회한다.《전습록》은 이러한 논지하에 전개되었던 왕수인과 그의 제자 또는 문인들 간에 주고받던 문답을 어록이나 대화체 형식으로 작성한 서적이다. 이 책은 어록으로 이루어진 작품 가운데 《주자어류》와 함께 쌍벽을 이루었다고 평가받을 정도로, 그 가치를 매우 높이 인정받고 있다.

2) 《전습록》의 구성과 내용

앞서 말한 바와 같이 《전습록》의 '전습(傳習)'은 《논어》〈학이〉 편의 경문에서 따온 말로, 중국 명나라 때 학자인 양명 왕수인의 어록이다. '어록(語錄)'이라 함은 그의 생전에 있었던 말들과 행위를 그의 제자나 또는 문인들, 또는 그의 제자들이 가르치거나 저서로부터 배운 재전(再傳) 제자들이 기록해 놓은 글을 뜻한다. 《전습록》은 총 3권으로 이루어져 있으며 편집인은 그의 수제자였던 서애와 문인(門人, 문하생)들이라고만 전한다.

《전습록》을 권별로 살펴보면, 상권은 스승 왕수인과 문하생들 간 대화와 문답들이 수록되어 있다. 이 가운데 서애가 기록한 14개의 조목, 문인 육징이 기록한 80개의 조목, 문인 설간이 기록한 35개의 조목 등 총 129개의 조목이 주를 이룬다. 그리고 중권은 왕수인의 독자적인 학설을 파악하기에 그야말로 좋은 자료로 평가받는데, 왕수인이 당시 학우들과 문하생들에게 직접 써 보낸 편지와 논문을 수록해 놓은 부분에 해당한다. 중권은 상권과 하권에 비해 왕수인의 저작이 많이 실려 있다는 점에서 학술적으로 자못 의미가 있다. 하권은 상권과 마찬가지로 문하생들과의 문답이 주를 이루는데, 문인 진구천이 기록한 15개의 조목, 문인 황이방이 기록한 11개의 조목, 문인 황수역이 기록한 15개의 조목, 문인 황성중이 기록한 17개의 조목, 문인 전덕홍이 기록한 51개의 조목 등 총 115개의 조목이 기록되어 있다.

그러면 《전습록》 상·중·하권의 내용에 따른 권별 특징을 살펴보자. 상권에서는 주로 왕수인의 첫 번째 학설이라 할 수 있는 '심즉리'와 두 번째 학설이라 할 수 있는 '지행합일'이 제시되어 있다. 주로 주자학과 대비되는 이론들을 비유와 예화 등을 통하여 전달하면서, 문하생들과 제자들에게 기존의 사유의 틀을 버리고 새로운 사고방식으로 전환하기를 당부하는 내용이다. 이러한 내용은 명나라 시절 성행했던 강학 분위기를 그대로 반영한 것이라 하겠다. 강학(講學)은 '스승이 강론하고, 제자가 이를 배워 가며 서로 토론이나 논쟁을 기록으로 남기는 것'을 의미한다. 지금의 세미나 또는 토론 학습과 유사하다.

《전습록》 중권과 하권에서는 왕수인이 늦은 나이에 접어들었을 때 제시했던 '치양지'와 '만물일체' 등의 학설이 기술되어 있는데, 여기에서는 왕수인이 기존의 전통 유학, 즉 주자학에 구속받지 않고 자신만의 자유로운 이론들을 전개시키고 있다는 점이 특징이다. 특히 문하생들에 의해 발전된 유·불·도 '삼교 융합론'과 관련된 언급도 조금씩 보인다.

3) 《전습록》에 대한 당대 평가

앞서 말했듯이 《전습록》은 어록체 작품으로, 주희의 《주자어류(朱子語類)》와 쌍벽을 이룬다는 평가를 받았다. 그리고 양명학을 대표할 수 있는 유일한 저작임에는 분명하다. 다만 우리나라에서도 이 서적과 관련하여 퇴계 이황이 주자학적 입장에서 왕수인의 학설을 반박한 《전습록논변(傳習錄論辨)》 등을 저술할 정도였으니, 역으로 말하자면 《전습록》은 조선에서도 대단한 반향을 일으킨 서적이었음이 분명하다.

한 가지 아쉬운 점은 왕수인의 사상이 응축된 《전습록》이 우리나라에서는 제대로 된 학술 토론의 과정을 거쳐 심도 깊은 학문 체제로 완성되지 못했다는 점이다. 오히려 왕수인의 학문을 공부하며 당시 주자학을 비판하는 사람들을 모두 사문난적으로 배척하기까지 했을 정도였으니 말이다. 조선 시대 때 선비의 책상 위에 《전습록》과 같은 왕수인의 사상과 관련된 서적이 놓여 있기만 해도 친족이 모두 몰살당할 정도였으니, 조선의 선비 가운데 누가 감히 왕수인의 사상을 공부할 수 있었겠는가? 이는 조선에 양명학이 유입되었기는 하였으나, 학술 담론은커녕 정치적 탄압이 더 심했다는 방증이다.

역사적·사상사의 흐름으로 볼 때, 임진왜란 당시 명나라 군인과 사신의 왕래 속에 몰래 전해지던 《전습록》은 조선 유학자들에게 제대로 전수되지 못했고, 오히려 조선에서는 양명학과 《전습록》을 비판하는 서적들이 먼저 간행되는 일이 벌어지기도 했다. 정작 비판해야 하는 대상으로서 《전습록》과 왕수인의 학설은 아직 보지도 않았는데, 이를 비판하는 서적들이 먼저 인쇄되고 간행되었다는 것은 분명 사리에 어긋난 일이다. 조선에 《전습록》이 전래되었으나 탄압과 배척을 받는 과정을 통하여 《전습록》에 대한 인지도는 거의 전무한 상황이었는데, 오히려 《전습록》을 비판하는 여러 서적들이 간행되었음은 이해하기 어렵다. 즉 세상 사람들은 A라는 것을 들어 보지도 못한 상황에서 A를 비판하는 논리부터 알게 되었으니, A의 진면목은 아랑곳하지 않고 비판과 배척의 사유부터 세뇌 아닌 세뇌 교육을 받았던 셈이었다.

또한 당시 조선의 정계와 학계에서는 정통과 이단에 대한 분별이 대단했다. 학풍에 따라 당파를 형성하고 세력을 키웠기 때문이다. 그러나 정통과 이단을 가늠하는 기준이 과연 어디에 있었느냐가 문제다. 분명 공맹 유가 학문을 공부하는 선비들에게는 공자와 맹자의 본지를 그대로 전수하는 것이 도통이고 정통이어야만 한다. 그런데 그 도통을 주자학에만 올려놓고, 주자학 관점에서 조금이라도 벗어난 학설과 사상들을 이단이니 잡설이니 운운하며 당쟁과 논쟁으로 일삼는 소모적인 적대 행위와 배척 행위는, 사고의 다양성을 막고 조선 사회의 학문 발전을 가로막는 전근대적인 행동이었다.

다행스럽게도 조선에서는 훗날 영조의 총애를 받았던 하곡 정제두가 왕수인의 서적과 사상에 깊은 관심을 보이며 그 사상적 맥락을 이어 갈 수 있었다. 그러나 그 역시 완고한 조정 대신들의 상소와 만류에 부딪혀 안산(지금의 경기도 시흥 지역에 해당됨)으로 유배되었는가 하면, 결국 강화도로까지 유배 당하는 수모를 겪어야만 했다. 예부터 죄인들의 성향에 따라 양형이 결정되는데, 죄인 중 가장 강력한 죄인들이 제주도나 강화도로 유배되었음을 상기해 볼 때, 조선 중·후기에 이르기까지 양명학은 매우 질이 좋지 않은 학문으로 치부된 모양이다. 정제두는 강화도에서 자손과 제자들을 거두며 가학(家學, 집안의 학문)의 형태를 일궈 한국 양명학의 발자취를 남겼을 뿐이다. 이렇게 해서 주자학 일변도의 조선 시대 유학사상에 양명학 정신의 미미한 흔적이나마 남길 수 있게 되었다.

물론 사농공상의 신분제 철회와 같은 근대 지향적 성격의 왕수인 사상은, 명나라든 조선이든 분명 기득권을 가진 기성세대와 귀족 계급, 또는 양반들로부터 적대받을 소지가 많았다. 하지만 중국과 달리 특히 조선에서 양명학은 이단시되어 배척받았다. 이에 반해 왕수인의 사상과 서적은 일본과 대만에서는 인정을 받았고 활발하게 연구되기도 했다. 그 결과 근대 지향적 학문 성향을 이어받은 이 두 나라는 아시아에서 가장 빠른 근대화를 이룰 수 있었다고 전해진다.

4. 왕수인의 주요 사상

1) 심즉리

심즉리는 왕수인의 사상 가운데 가장 중요한 학설로 "내 마음이 곧 세상의 이치다."라는 주장이다. 양명학에서 '마음[心]'이란 요·순·우로 이어지는 성인들의 도심(道心)과 공자의 인(仁), 증자의 충서(忠恕), 《중용》에서의 성(誠), 맹자의 양능양지(良能良知)와 사단지심(四端之心) 등을 모두 포괄하고 융화한 개념이다.

특히 양명학에서 논의되는 마음은 맹자의 학설을 더욱 발전시키고 계승했다는 점이 특징이다. 맹자가 말하는 측은지심(測隱之心, 남을 측은하게 바라볼 수 있는 마음), 수오지심(羞惡之心, 스스로 자신의 부끄러움을 알 수 있는 마음), 사양지심(辭讓之心, 예절과 양보할 줄 아는 마음), 시비지심(是非之心, 옳고 그름을 판별할 수 있는 마음) 이 네 가지 마음은 인간이 태어나면서부터 선천적으로 지니는 보편적인 마음이라고 한다. 그리고 이 보편적인 마음이 세상 만물의 모든 이치와 관계 속에서 의미를 갖게 된다는 것이다. 즉 내 마음 안에 담긴 도덕 이치를 깨닫는 것은, 인간의 주체적 노력에 의해 도덕 사회를 열 수 있는 단초가 마련되고 그것이 성인의 도리가 된다는 뜻이다.

《맹자》〈진심〉 편에는 다음과 같은 구절이 있다. "사람이 전혀 배우지 않았어도 선천적으로 할 수 있는 것을 양능이라고 하며, 사람이 고민하고 사려한 것이 없어도 스스로 알 수 있는 것을 양지라고 한다." 맹자의 양능양지설에 근거하여 왕수인은 인간이 선천적으로 도덕심을 가지고 있음을 자각한다. 그는 시비선악의 판단 기준이 이미 인간의 마음에 갖춰져 있으니, 모든 만물의 이치와 나의 마음을 합일시킴으로써 세상 이치를 인간 중심의 주체적·능동적 입장에서 보려 한 근대적 지식인이었다.

2) 지행합일

지행합일은 왕수인의 학설 가운데 두 번째로 제기된 것으로, 인식과 실천의 합일을 주장하는 말이다. 주자는 대체적으로 선지후행(先知後行), 즉 앎[知]이 먼저이고 실천[行]은 나중 일이라는 입장이었다. 이 부분은《중용》에서 존덕성과 도문학이라는 명제에 해당하는데, 예로부터 주자학자와 양명학자 간의 실천 방법론에 관한 논쟁이 끝없이 진행되기도 했다. 특히 중국 남송 시기, 주희와 그의 제자 문인, 그리고 육구연을 비롯한 육씨 5형제가 '아호사'라는 절에서 만나 수차례의 세미나가 진행되었던 전례가 있다.

왕수인은 이러한 앎과 실천의 분리에 매우 회의적이었다. 앎과 실천을 분리해야만 한다는 논리 때문에, 명나라 때 접어들어 주자학을 신봉하는 사대부들 대부분이 성인을 언급하면서도 정작 성인이 되려는 노력은 하지 않았고, 백성들을 사랑하고 위하는 도덕 실천마저 뒤

떨어진다는 비판으로부터 벗어날 수 없다고 토로했다.

물론 왕수인의 지행합일 학설이 유학의 전통 가운데 실천을 강조하는 유일한 학설이라고 할 수는 없다. 양명의 지행(知行) 개념에서는 앎과 실천의 관계가 심리적으로 동시에 일어나는 현상으로 인식되고 있기 때문이다. 이러한 측면에서 보자면 먼저 주희 역시 앎과 실천을 분리했지만, 실천을 중요하게 보았다는 점에서는 다른 모든 유학자들과 다를 바 없었다.

다만 주희는 앎을 하나의 과정으로 분석하고 진정한 앎에 도달하는 것을 순차적인 단계로 이해했다. 그것이 곧 즉물궁리(卽物窮理)이며 격물치지다. 그는 사물의 이치를 차츰차츰 알아 가는 궁리(窮理, 이치를 궁구함)를 진정한 앎[知]으로 가는 단계적 현상으로 이해했다. 그리고 그 앎을 통해 얻은 지식과 더불어 마음을 함양하거나 행동으로 옮기는 일련의 과정을 실천[行]으로 이해했다. 따라서 앎의 과정을 모두 끝낸 연후에 앎의 내용에 근거하여 행위적 측면으로 연계시켜 나아가는 것이, 인식과 실천의 정상적인 진행 과정이라고 파악한다. 예컨대 효(孝)라는 덕목을 실천한다고 가정해 보자. 인간은 효에 대해 아직 아무것도 모르는 무지(無知) 상태일 수밖에 없다. 따라서 효에 대한 이치를 완전히 차근차근 알아 가는 궁리의 과정을 거친 뒤 부모에 대한 감사를 표현하는 것을 알게 되고, 비로소 이를 실천 행위로 옮길 수 있다는 것이다. 이것이 바로 주희가 말하는 선지후행의 대표

사례라 하겠다.

또 예를 들어 보자. '갑'의 부모는 자식이 부모에게 물질적인 봉양만을 행하는 것이 효도의 도리를 가장 잘 보여 준다고 생각할 수 있다. 반면 '을'의 부모는 물질적·금전적 봉양의 효도보다는 정신적으로 부모의 마음을 편안하게 하는 것과 효도하는 마음 자체를 으뜸가는 효도라 여길 수도 있다. 따라서 주자의 견해에 따르면, 효도의 이치는 갑과 을의 경우에서처럼 다양하게 존재할 수 있기 때문에 효에 관한 모든 이치를 하나하나 알아 가는 과정이 곧 앎의 과정이다. 이러한 효의 이치에 대한 앎이 최종적으로 완성된 뒤에야 비로소 올바른 효도 행위를 실천할 수 있다고 해석할 수 있다.

하지만 주자는 앎이 실천보다 앞서는 것은 사실이지만, 그 경중을 논하자면 오히려 실천에 무게가 있다고 보면서 실천적 측면을 경시하지 않는다. '앎과 실천은 어느 한쪽에만 노력을 치우치게 할 수는 없다.'라는 것이 그의 관점인 셈이다. 사실상 앎과 실천의 문제에서 어느 한쪽도 포기할 수 없다는 것이 유학의 전반적인 경향이라고도 하겠다. 그러나 앎과 실천의 불가분의 관계를 강조할 때마다, 앎과 실천을 별개로 구분하거나 또는 선후로 논하는 것을 거부하고 양자의 근원적 통일성을 철학적 기본 입장으로 내세워 주장한 것이 바로 왕수인의 지행합일 학설이다.

왕수인은 앎과 실천이 본래부터 분리될 수 없다고 주장하며, 사람이라는 존재는 무엇인가를 알고 있으면 당연히 그 앎을 행동으로 표출해야 하고, 또 행동으로 나타내었다면 그것은 분명 알고 있다는 증거라고 단언한다. 즉 행동으로 보여 주지 못한다면 아직 알고 있지 못하는 것이며, 반대로 알고 있다면 반드시 행동으로 표출될 수밖에 없다는 것이다. 다시 말해 왕수인에게 있어 알면서 행동하지 않는다는 것은 모르는 것과 같다. 왕수인은 다음과 같은 경우를 논리 근거로 제시한다. 만약 아름다운 빛깔을 보고 아름답다는 사실을 알게 된 순간, 그 사람은 그 빛깔을 좋아하는 행위를 즉각 행동으로 표현한다는 것이다. 아는 '지각 작용'과 '행위 능력'이 마음[心]에서부터 일어나는 동시적·동일 작용의 양면일 뿐 두 사건이 별개로 일어나는 것은 아니라는 말이다.

또 다른 예를 들어 보자. 어떤 곳에서 심한 악취가 날 경우 그 냄새를 맡은 사람은 동시에 그곳을 피하는 행위를 보인다. 심한 악취에 대한 앎의 단계를 거치지 않더라도 사람의 마음속에서 이미 본능으로 좋고 나쁨에 대한 판별 능력을 갖고, 곧장 행위로 옮긴 것이다. 더운 여름날 부모가 더위로 인해 고생하시는 모습을 본 자식은 그 자리에서 부모에게 부채로 바람을 일으키는 행위를 보일 것이다. 무더위에 지친 부모를 보았을 때, 이미 자식은 마음속에서 효도에 대한 도리를 선천적으로 알고, 그 앎에 대한 이치를 실천으로 곧장 보이는 것이다. 이는 앎과 행위가 동떨어진 이분법의 관계가 아니라는 단적인 증거다. 무더위에 지친 부모의 모습을 보고 자식 된 자가 어느 겨를에, 행해야 할 효도의 이치를 그 급박한 순간에 궁구[窮理]하여 부모에게 효도를 실천할 수 있느냐는 것이다.

이처럼 왕수인은 인간의 모든 앎과 실천이 항상 동전의 양면과 같은 성질의 것이며, 안과 밖이 구별되지 않는 '뫼비우스의 띠'와 같다고 생각했다. 당연히 앎과 실천은 동시에 동일 작용으로 나타나는 것이니, 참된 앎이 곧 참된 행동이라고 인식한 것이다.

3) 치양지

치양지는 말 그대로 '양지에 이른다' 또는 '양지를 다한다'라는 뜻인데, 이 역시 왕수인의 학설 가운데 핵심이다. 치양지를 왕수인은 스스로 이렇게 해석했다. "양지를 확충한다. 또는 양지를 넓히고 충족시켜 밑바닥까지 채운다."(《전습록》 하권, 〈황이방록〉) 왕수인에 따르면 "오늘 만일 양지를 확인했다면 오늘 알고 있는 만큼의 양지를 철저하게 확충하고, 다음 날 내가 다시 양지를 깨달아 펼칠 수 있다면 또다시 그만큼의 양지를 확충해 나가는 것이 바로 치양지다. 결국 치양지는 자신의 양지를 부단히 확충하고 채워 나가는 일련의 공부 행위이자 과정과도 같은 것이다."

그러니까 왕수인이 제창한 치양지는 선천적인 '양지'와 후천적인 '치지'를 연계한 것이라 정의하여도 무방하다. 이는 결국 맹자의 양지

양능설을 치양지설로 발전시킨 것이다. 말하자면 왕수인은 선험론적인 양지의 형식 속에서 후천적인 치지 활동의 내용을 채우는 필요성을 긍정하고 인정한 셈이다. 천부적 양지는 후천적 치지를 거쳐서 비로소 완성할 수 있으며, 또한 반대로 치지 공부의 전개 역시 반드시 양지를 전제해야만 가능하다는 뜻이다. 그는 "내 마음의 양지를 버리고서 어떻게 장차 그 체험적 성찰과 앎에 이를 수 있겠는가?"(《전습록》중권)라고 하면서, 양지와 치지의 불가분 관계를 강조하기도 했다.

결론으로 말하자면 치양지는 양지의 구체적이고도 적극적인 발휘를 의미하며, 선험적 양지와 경험적·체험적 치지와의 부단한 결합을 의미한다. 어떻게 보면 치양지는 '내 마음이 곧 이치다[心卽理].'라는 학설과 '앎과 행함은 하나다[知行合一].'라는 주장을 하나로 묶어 낸 최종 결론이기도 하다. 훗날 왕수인은 치양지 공부를 위해 성의(誠意, 내 마음의 의지를 성실히 함)와 정좌징심(靜坐澄心, 고요하고 맑은 정신의 자세로 마음을 맑게 함) 등의 방법론을 주장한 바 있다.

4) 만물일체

만물일체에 관해서는 고대 제자백가 가운데 한 사상가인 장자(莊子)가 이미 주장한 바 있다. 또 중국 불교에서도 삶과 죽음이 둘이 아닌 하나이듯이, 유무(有無)의 대립을 초월하고 해소시켜 자아와 만물이 하나가 된다[一體]는 이론이 등장했던 때도 있다. 곧 '내가 너이고,

네가 나'인 셈이다. 이러한 일체(一體) 사상은 인간과 자연을 분리하지 않고 하나의 모습으로 파악하려는, 동양인만의 독특한 사유 구조에 기인하는 것으로 여겨지곤 한다.

사실 고대 동양인들에게 자연이라는 존재는 한갓 눈으로만 보이는 만사 만물이 아니며 경외와 존중의 대상이자, 인간의 삶에 절대적인 영향력을 행사하는 자연 이상의 그 무엇이었다. 그 모습이 때로는 자연신(自然神)과 같은 존재였으리라. 서양인들은 기본적으로 인간과 자연을 분리하는 이분법적이며 개체 중심의 사고에서 출발한다. '인간은 인간이고 자연은 자연'이라는 사유 체계이다. 하나의 개체인 인간은 안락과 편의를 위하여 자연을 수단과 도구로 이용하고, 그 이용의 방법론들은 기술과 과학의 발달을 일궈 냈다.

반면에 동양인들은 인간을 포함한 자연현상 속에서 일정한 법칙을 찾으려 노력했고, 찾아낸 자연법칙과 인간의 도덕법칙의 합일을 꾀하려 들었다. 그 결과 숭고한 도덕 윤리와 예악을 자연의 법칙과 동일시하기에 이르렀고, 자연의 이치인 천리(天理)와 인간의 이치인 도리(道理)를 통합시켰다. 그것이 《중용》에서 언급한 천인합일(天人合一)의 경지다. 즉 자연은 언제 어디서나 항상 일정한 법칙으로 존재하며, 잠깐의 쉼도 없이 성실하게 움직이는 경외의 대상이었다. 《중용》에서는 자연의 이러한 행위를 '성(誠)'이라 표현한다. 인간은 그러한 자연법칙을 따라가려 부단한 노력을 경주했고 인간 사회에 도덕·윤리·강령 등을 책정했으니, 그것이 곧 천지의 자연법칙과 인간 사회의 도덕법칙이 합일된 천인합일이다.

이러한 고대 유학사상에서의 천인합일을 좀 더 체계화한 이는 송대 성리학자이자 주자의 스승 가운데 하나였던 정호(程顥)이다. 본래 정호는 그의 동생 정이(程頤)와 함께 성리학 완성에 견인차 역할을 했던 인물로, 후세에서는 이들을 이정자(二程子), 즉 '두 명의 정(程) 선생님'이라는 칭호를 붙였다. 정호는 '우주 만물이란 모두 천지의 음양이라는 기운[氣]에 의하여 생성된 것'이라 보았고, 천지만물과 인간 삶[인생]의 근원은 일체이며 동체(同體)라고 주장한다. 그는 이러한 천지만물과 인간 삶을 연결해 주는 것을 윤리적으로는 '인(仁)'이라 표현했다. 인간과 자연이 서로 인(사랑)을 발휘해야만 만사가 제대로 영위된다는 논리가 포함되어 있다. 이는 동양사상에서 윤리학이 곧 논리학과 연결되는 지점을 보여 준다. 정호는 만물과 인간이 나뉘는 분기점을 기운[氣]의 편정(偏正, 치우침과 올바름)으로 보았고, 음양의 기운이 한쪽으로 치우쳐 올바름을 얻지 못한 것이 조수초목(鳥獸草木, 새·짐승·풀·나무)과 같은 자연물이며, 올바른 기운만을 얻은 것이 인간이라고 보았다. 그렇기 때문에 이들은 서로 본질은 같지만 다른 모양을 갖게 된 것이니, 서로 인의 정신이 충만할 때만 만물일체가 가능하다고 본 것이다.

이러한 정호의 이론을 왕수인이 계승하였다. 다만 왕수인은 인간의 마음속에 천지만물과 일체가 될 수 있는 이치가 이미 존재한다고 이해했다. 즉 마음의 이치가 곧 천지만물의 이치이기 때문에, 인간과 만물은 본질적으로 동일한 모습이라고 생각했다. 천지만물의 존재가 내 마음 가운데 존재한다고 이해한 그는 마음 밖에 또 다른 이치가 있는 것을 용납할 수 없었다. 또한 마음 밖에 천지만물이 존재할 수조차 없다고 생각했다.

왕수인은 인간과 만물의 일체성만을 주장하는 데 그치지 않고, 존재의 동일성을 근거로 기존 정치·사회가 설정해 놓았던 불합리한 윤리규범들을 비판했다. 이른바 존재했었던[定] 이치[理]를 부정했는데, 학술적으로 말하자면 정리론(定理論)의 딜레마를 극복하는 모습이었다.

기존에 만들어진 규범과 이치가 차별적이고 불평등한 관점에서 나왔다면, 왕수인은 만물일체라는 평등의 관점에서 이들 규범들을 모두 바꾸려 했다는 점이 다르다. 그 결과 양명학은 사회적 관계에서도 동일성과 평등성을 실현하려는 변혁과 개혁을 주장하며, 사회제도의 근대 지향성을 이끌어 낸다. 일례로 왕수인은 당시 사회적·윤리적 덕목 가운데 하나였던 여성의 재혼 금지에 대해서도 통렬하게 비판한다. 결혼한 여인이 남편의 죽음으로 인하여 자식을 홀로 부양하며 과부로서 일생을 마감하는 것은 너무나도 불합리한 처우라고 생각했던 것이다. 여성도 하나의 인간이며 동일한 본성과 마음[良知]을 가진 존재이기 때문에, 다른 인간들처럼 누릴 수 있는 행복과 자유는 똑같아야 한다고 생각했다. 따라서 여성의 재혼을 허용해야 함을 비롯하여 사농공상의 계급·계층 갈등에 대한 해결 방안까지 주장했다.

그의 이러한 만물일체 관점은 애초 주희의 《대학장구》에 있는 '신민(新民)'설을 부정하고 '친민(親民)'설을 강조하는 데에서부터 시작되어 이후 문하생들에게 전수·계승되었다. 청대 말기에는 강유위·담사동 등 개혁론자들에 의하여 대동(大同) 사상의 한 축으로 자리 잡는다. '대동'이란 공자와 맹자가 제창했던 가장 이상적인 사회를 말하며, 문자 그대로 남녀노소·지위 고하를 막론하여 모두가 하나 될 수 있는 가장 건강한 사회구조를 의미한다.

5) 삼교 융합

왕수인이 활동하던 명나라 중기의 사상계는 주자학을 국교로 인정하며 오랫동안 안정된 기반을 이루어 가는 형국이었다. 과거 시험의 교재 역할을 자임했던 주자의 《사서집주》는 베스트셀러이자 스테디셀러로 각광을 받았다. 그러나 주자의 《사서집주》는, 사대부가 관료가 되어 신분 상승할 수 있는 유일한 수단이자 통로 역할만으로 전락하는 등 폐단이 발생했다. 사상계와 종교계에서는 오히려 주자가 오경사서에 붙여 놓은 주석에 반발하거나, 주자의 해석학적 입장과 본질적으로 궤를 달리하는 학자들이 속출하기에 이른다. 그동안 과거 시험의 모범 답안과도 같았던 주자의 《사서집주》가 존경의 대상이라 기보다는 조롱의 대상이 되고 만 것이다.

여기에 왕수인이 등장하면서 사상계에 급격한 변화가 일었다. 왕수인은 주자의 《대학장구》를 비롯한 많은 경서 해석에 대하여 반론을 제기하고, 경서 해석의 다양성을 주장하면서 주자의 정통성에 문제를 제기했다. 그리고 주자가 줄곧 주장해 왔던 성즉리를 끌어내리고, 근원 주체로서의 인간의 마음이 곧 이치임을 강조했다.

이는 이른바 이치만을 따지는 이학으로부터 벗어나 인간의 마음에 주목하는 심학(心學)의 시대를 알리는 신호탄이기도 했다. 경서로 보자면 기존 주석과 해석에 얽매이지 않고, 옛 서적이 남긴 문헌 자체를 고증하려는 학풍이 등장하는가 하면, 불합리하고 불평등한 사회제도와 권위에도 과감히 도전하려는 호걸들이 수면 위로 등장하게 되었음을 알리는 서막이었다. 그야말로 이들은 '있어 왔던' 전통으로부터 탈피하여 '있어야 할' 유학의 새로운 모습을 갈망하는 지식인들이었다. 맹자가 제창했던 양지와 양능, 즉 '인간은 태어나면서부터 시비선악을 판별할 줄 알고[良知] 이를 실천으로 옮길 수 있는[良能] 주체적 능력을 최대한 발휘하는 존재'로서, 인간 그 자체가 세상을 움직일 수 있는 동력원이라는 점에 주목했다. 그리고 그 동력원은 양지를 통한 주관적인 사색과 경험적 체인(體認)·체득(體得)을 중시했으며, 주자학의 세계관 아래 닫혀 있던 새로운 세계관·가치관·인생관을 모두

뒤집고 곱씹어 보려는 일련의 노력으로 드러났다.

　이런 사상계의 흐름은 종교계에도 적지 않은 영향을 미쳤다. 마치 음악에서 변주곡이 등장하듯이, 명대 사상계와 종교계는 정통과 이단에 대한 새로운 관점들이 표출되었다. 변주곡이란 이미 정해진 선율을 바탕으로 음성과 율동 및 화음 등을 여러 형태로 변화시켜 새로운 모습으로 변모를 꾀하는 음악이다. 양명 정신은 종교계에 있어서도 변주곡의 형상을 도모했다. 그 가운데 가장 많은 변화는 역시 유·불·도 즉, 삼교에서 일어났다. 이때 주목할 만한 점이 두 가지 있는데, 첫째, 유교·불교·도교 등 제각각 종교계 자체 내부에서는 이론이나 학설에 대한 반목과 갈등이 없었다는 점이다. 둘째, 이들 세 종교는 추구하는 대상과 신념이 서로 달랐는데도 서로 간에 벽을 허물어뜨린 채 자유롭게 서로를 넘나들며 자신만의 교리를 찾고자 노력했다는 점이다. 즉 각각의 정해진 신앙 영역과 경계 내에서만 활동하는 것을 지양하였고, 서로 간에 정통과 이단의 획을 긋고 배척하거나 벽을 쌓는 반목도 행하지 않았다. 가장 배타적이고 가장 폐쇄적(고립적)이었던 종교계에서도 각자 목소리를 낮추며 타자와의 대화를 통해 자신만의 뚜렷한 색채를 찾으려 노력하는 모습은, 실로 이 시기 유·불·도 삼교만이 갖는 뚜렷한 특징이었다. 이러한 유불도 삼교의 융합과 사상계 혼란의 어수선함 속에서, 왕수인의 철학은 한바탕 어울림과 조화로움을 꽃피우는 불씨와도 같은 역할을 했다. 주자학과의 사상적 차이나 도교·불교와의 혼재 속에서도 왕수인 사상은 '조화[和]'의 작은 불빛과도 같았다. 일존주의와 배타주의로 대변되는 주자학의 세계에서는 꿈도 꾸지 못할 일이었다.

물론 이 시기에 주자학의 순수성을 강조하고, 도교·불교의 숭고한 교리와 신념만을 내세우며 왕수인과 삼교 융합을 외쳤던 이들을 이단과 망나니를 운운하며 비판했던 이들도 적지 않았다. 그러나 중요한 것은, 이 시기 자본주의가 싹트면서 사회 전반의 구조가 변화되고 있었으며, 주체적·능동적·평등적 인간관에 대한 갈망과 사회변혁을 꿈꾸는 사람들이 더 많았다는 점이다. 세상이 바뀌어 가고 있는데, 이에 유연하게 대처하지 못하는 지배계층이나 왕권 사회는 더는 존경과 숭배의 대상이 될 수 없음을 모두가 알았다. 왕수인의 마음에 대한 탐구도 바로 이런 시대의 변화, 근대 사회로의 지향과 밀접한 연관을 보였다는 점에 주목해야 한다.

5. 오늘날 《전습록》은 우리에게 어떤 의미를 주는가?

근대든 전근대든 학문을 연구하며 진리를 추구하는 학자나, 사회적 문제 해결을 위해 토론하며 조화를 도모하는 정치가에 이르기까지, 모두 한 가지 교훈으로 받아들여야 하는 것이 있다. 학문 연마와 정계 운영 과정에서, 나와 의견이 다르다고 하여 상대방이 틀렸다고 매몰차게 비판하며 배척하는 일존주의 성향은 또 다른 배척과 정쟁·논쟁을 낳는다. 서로 용서할 수 없는 날선 대립각만 양산할 뿐이라는 점이다.

'틀림'의 강조보다는 '다름'을 인정할 줄 아는 사고가 여전히 필요하다. 약 2600여 년 전의 공자 시대나 21세기를 살아가는 우리 사회 구성원 모두에게. 남을 비판하는 능력 못지않게 서로를 수용하고 포용하며 더 합리적인 성향으로 이끌어 갈 수 있는 지식인의 역량이 강화되어야 함은 물론이다.

《전습록》은 그러한 점에서 볼 때, 자신의 건재함을 과시하고 자신만이 옳다고 고집부리며 케케묵은 교리와 신념을 내세우는 기득권 사상에 도전하려는 의지의 서적이었다. 또한 거의 무너지지 않고 굳건히 버틸 수 있는 벽을 향해, 세상이 달라지고 있음을 일깨우려 부르짖는 외침의 소리가 담긴 보고(寶庫)였다. 그리고 이러한 지식인의 고뇌가 담겨 있는 조용하면서도 웅지를 내포한 기록물이었다. 있어 왔던 전통에서 벗어나 있어야 할 학문으로의 새로운 도약을 지향하고자 했던 왕수인의 사상은 사상계의 갈등과 종교계의 반목마저도 뛰어넘어, 서로의 장벽을 자유롭게 넘나들고 어지러운 세상에서 한 줄기 빛을 찾고자 노력했던 불씨와도 같았다. 그는 인간이라면 누구나 가지고 있는 양지의 주체성과 역동성에 따라 올곧은 실천을 강조하였으며, 불합리하고 불평등한 사회구조를 개선하기 위해 낡은 사회를 개혁하려는 의지를 표명하기도 했다. 여성의 재혼과 사농공상의 계층 간·계급 간 갈등 구조의 해결 방안 모색 등은 그가 온 천하에 보여 주고자 했던, 모든 인간의 마음속에 있는 양지와 양능을 대변하고 싶은 우국충정의 의지와도 같았을 것이다. 그의 이러한 근대 지향적 사유는 문하생들에게 전수·계승되었고, 청나라 말기에는 강유위·담사동 등의 개혁론자들에 의해 대동 사상의 한 축으로 재탄생하기도 했다. 이러한 측면에서 볼 때, 《전습록》 안에 담보되어 있는 왕수인의 사상은 근대적 인간상의 실현을 추구하는 개혁성마저 엿보인다. 그의 사상 속에 담긴, 근대적 인간이 지녀야 하는 자유로운 사고와 평등한 인간관계, 그리고 인간이라면 누구나 누릴 수 있다는 호혜정신이야말로 《전습록》이 지닌 현재적 가치일 것이다.

우리가 오늘 《전습록》을 읽는 이유도 바로 여기에 있다. 기존 질서에 안주하며 기득권에 기대어 살기보다는 만인을 모두 끌어안는 성인이 되고자 노력하는 것이 더 소중하다는 왕수인의 생각이야말로, 부정과 부패, 그리고 안주와 이기주의에 익숙한 우리 자신에 대한 질책이자 채찍일 것이다. 왕수인은 단 한 사람이라도 억울해한다면 그곳은 사람이 올바르게 머물 자리가 아니라고 믿었다. 그러한 생각이야말로 밝은 사회, 갑질 없는 사회, 모두가 행복하고 만족해하는 사회를 향한 소중한 희망이 되리라고 믿는다.

1472년 9월 30일　중국 절강성 여요에서 태어났다.

1482년(11세)　　조부 왕죽헌을 따라 북경에 가던 도중 금산사에 이르러 시 한 수를 자작했다.

1483년(12세)　　어느 하루 왕수인이 스승에게 묻기를 "무엇이 천하에서 가장 훌륭한 일입니까?" 스승이 답하기를 "오직 독서에 충실해 훗날 과거에 급제하는 일일 것이다." 이에 왕수인이 회의하며 말하길 "과거에 급제하는 일이 천하에 가장 뛰어난 일은 아닐 것입니다. 독서해 성인(聖人)의 경지에 이르는 것이 최고일 뿐입니다."

1489년(18세)　　당시 대학자 누량(婁諒)을 만나자, 누량은 송대 유자들의 격물에 대해 왕수인에게 가르쳐 주면서 말하길 "성현은 반드시 배워서 이를 수 있는 경지"라 하자, 왕수인은 이를 듣고 깨달은 바가 있어 경서(經書)와 자사(子史, 제자백가서와 역사서)의 공부에 전력했다.

1492년(21세)　　절강성 향시(鄕試)에 급제했다. 이해에 왕수인은 송명 유학의 격물 학설을 연구하기 위해 대나무를 격(格)했지만 대나무의 이치[理]가 무엇인지를 알지 못하고 병만 얻었기 때문에, 왕수인은 "성현이 된다는 것은 정해진 사람만이 그 경지에 이를 수 있으며, 모든 사람이 성현이 되기란 어려운 일이구나."라고 생각했다.

1497년(26세)　　　명나라 국경이 위태로웠으며, 이 시기 왕수인은 병법을 배웠고, 식사할 때마다 과일 씨를 이용해 진(陣)을 치는 놀이를 즐겼다. 병가(兵家)의 비서(秘書)를 정밀하게 탐독했다.

1498년(27세)　　　사장(辭章, 시가와 문장을 아울러 이르는 말)의 학문으로 진리를 얻을 수 없다고 여겨 다시 주자학의 학문 풍토로 돌아갔지만, 매일같이 독서를 해도 내 마음의 이치가 무엇인지를 알 도리가 없어 오랫동안 침울한 마음에 젖어들었다. 이후 "성현의 경지는 정해진 사람만이 오를 수 있는 곳이다."라는 옛날의 생각이 잘못된 것이라 여기고 고민에 빠진다.

1499년(28세)　　　진사시에 급제하고 변방에서 힘써야 할 여덟 가지의 책무를 서술했는데, 그 내용이 조리가 있고 정연해 세간으로부터 극찬을 받았고 형부(刑部) 주사(主事)가 되었다.

1501년(30세)　　　어명으로 강북 지역을 감찰하면서 억울한 누명을 입고 복잡한 사건에 연루된 사람들을 감형시켜 주거나 누명을 벗겨 주어 백성들로부터 인정을 받았다.

1502년(31세)　　　불가와 도가는 부모님조차 멀어지게 만드는 잘못된 이치를 연구하는 것이라 통탄하고, 진정한 유가의 가르침이 무엇인지를 다시 한 번 알아보고자 하는 열의에 수양을 하게 되었다.

1504년(33세)　　　산동성의 향시를 주관했으며, 9월에 병부의 주사가 되었다.

1505년(34세)　　　유가에서도 심신을 수양하는 학문이 가장 중요하다고 천명했으며, 성인의 학문이 무엇인지를 깊이 있게 연구하기 시작한다. 이때부터 그의 문하에 문인들이 들어오기 시작했다.

1506년(35세)　　　밀봉해 천자에게 상소문을 올린 봉사(封事)가 당시 환관이자 실권자였던 유근의 전횡을 비판했다는 연유로 투옥되었다. 귀주 용장으로 귀양 가게 된다.

1507년(36세)　　　유근이 귀향하는 길에 양명을 죽이려 하자, 왕수인은 이를 피하기 위해 해로(海路)를 선택한다. 이때 서애가 예를 갖추어 제자가 되기를 청한다(서애는 양명의 첫 제자가 되는 셈이다).

1508년(37세)　　　봄에 용장에 도착한다. 유근의 마수에 왕수인은 언제라도 자신이 죽을 수 있다는 느낌에 사로잡힌다. 왕수인은 속세의 득실과 영욕은 모두 초월할 수 있었으나 생사의 일념만은 아직 흉중에 남아 있음을 알고, 스스로 석관을 만든 다음 "밤낮으로 항상 조용히 말없이 앉아 마음을 깨끗이 하고 고요함만을 추구했다. 그렇게 함이 오래되자 마음이 훤하게 통하고 시원해졌다. 밤중에 홀연히 격물치지의 본뜻을 크게 깨달음으로써 비로소 성인의 도는 내 마음속에 갖추어져 있다."라는 이치를 얻었다. "사물에서 이치를 추구하는 것은 옳지 않다. 이전에 독서했던 경서의 가르침도 본래는 내 마음과 동떨어져 있었던 것이 아니었다."라는 사실을 깨닫는 '용장의 대오'를 경험한다.

1509년(38세)　　귀양 서원에서 지행합일설을 주장한다.

1513년(42세)　　제자 서애와 함께 여러 산을 유람하며 학문을 논했다. 귀양에서 벼슬이 한직이었기 때문에 제자들과 이곳저곳을 돌아다니며 학문을 강의했다.

1517년(46세)　　2월부터 10월에 이르는 동안 장주와 횡수 및 통강 지역에서 일어났던 도적의 난을 평정했고, 4월에 군사를 거느리고 돌아와 상세(商稅)와 염법(鹽法)을 소통시켰다.

1520년(49세)　　《상산문집》의 서문과 《예기찬언》의 서문을 지었다.

1523년(53세)　　추수익, 설간, 왕간 등의 수많은 문인과 함께 담론을 즐겼고, 왕기 등의 뛰어난 제자들이 왕수인의 문하에 들어오기 시작한다. 이때 제자와 문인들의 수가 300여 명을 넘었다고 전하며, 양명은 제자들과 빙 둘러앉아 서로의 학설에 대해 논했다.

1527년(56세)　　전덕홍과 왕기가 양명 선생을 모시고 사구교(四句敎)에 관해 물었다. (사구교란 선도 없고 악도 없는 것은 마음의 본체이고 [無善無惡是心之體], 선도 있고 악도 있는 것은 의념의 발동이며[有善有惡是

意之動], 선악을 아는 것은 양지이고[知善知惡是良知], 선을 행하고 악을 제거하는 것은 격물이다[爲善去惡是格物]라는 네 개 구절을 양명이 가르친 것을 말한다. 이에 대한 해석 문제로 훗날 양명 좌파와 우파로 나뉜다.)

1528년(57세)   양명은 학교를 세우고 백성들을 안무했다. 10월에 병세가 심해 귀경을 청하고 돌아온다. 문인이었던 섭표와 추수익에게 마지막 서신을 보낸다. 11월 25일 강서 남안의 청용포에서 세상을 떠났다. 임종 때 문인들이 유언을 묻자 "나의 마음이 넓고 맑을 뿐인데, 또다시 무슨 말이 필요하겠는가?"라고 했다. 이듬해 회계 지역에 안장되었다.

(양명이 죽은 후, 조정에서는 이견이 많았다. 그의 작위를 빼앗고 시호를 내리지도 않았다. 또한 그의 학문을 거짓된 위학(僞學)이라고 하여 왕학(王學, 왕수인의 학문을 일컬음)을 금지시켰다. 그러나 제자와 문인들은 온 세상에 서원과 정사 및 사당을 세우고, 그의 학문 강의를 멈추지 않았다. 양명 사후 7년, 그의 《문록(文錄)》을 간행했다. 사후 28년 《전습록》을 간행했다. 사후 35년 《연보(年譜)》를 완성했다. 사후 39년 목종이 즉위해 그에게 백작의 작위를 회복시켜 주었고, 문성(文成)이라는 시호를 내렸다. 사후 44년 《문성전집》이 간행되었다.)